COLLEGE YOUTH

浙江省高校青年
形象管理与
礼仪素养
提升路径研究

Research on Image Management and
Etiquette Literacy Improvement of College
Youth in Zhejiang Province

尹菊琴 著

ZHEJIANG UNIVERSITY PRESS
浙江大学出版社
·杭州·

图书在版编目（CIP）数据

浙江省高校青年形象管理与礼仪素养提升路径研究 /
尹菊琴著. -- 杭州：浙江大学出版社，2023.6
ISBN 978-7-308-23954-7

Ⅰ．①浙… Ⅱ．①尹… Ⅲ．①大学生－形象－设计－
研究②大学生－礼仪－研究 Ⅳ．①G645.5

中国国家版本馆 CIP 数据核字（2023）第 111785 号

浙江省高校青年形象管理与礼仪素养提升路径研究

尹菊琴　著

策划编辑	吴伟伟
责任编辑	宁　檬
责任校对	陈逸行
封面设计	林智广告
出版发行	浙江大学出版社
	（杭州市天目山路 148 号　邮政编码 310007）
	（网址：http://www.zjupress.com）
排　　版	杭州好友排版工作室
印　　刷	广东虎彩云印刷有限公司绍兴分公司
开　　本	710mm×1000mm　1/16
印　　张	13.5
字　　数	236 千
版 印 次	2023 年 6 月第 1 版　2023 年 6 月第 1 次印刷
书　　号	ISBN 978-7-308-23954-7
定　　价	78.00 元

前言

PREFACE

"凡人之所以为人者,礼义也。"中国是数千年文明相习的礼仪之邦,自周公制礼作乐,经孔子、孟子等历代儒家弘扬完善,"礼仪"成为儒家文化的核心之一,儒家经典逐渐作为官方意识形态载体被列入官学,潜移默化地对中国文化和历史产生极为深远的影响。"礼仪"的概念对中国人来说意味深远,"礼"是中国先哲经由"礼治"走向"修、齐、治、平"的法门,也是历代中国人的社会秩序、公序良俗、国家典章,甚至是今日中国人的文化标签和精神自觉。

礼仪是宣示价值观、教化人民的有效方式。当前,在高校青年当中大力弘扬礼仪文化,强化形象管理和提升礼仪素养意义重大。加强礼仪教育有利于传承中华优秀传统文化,增强文化自信,彰显中国精神、中国力量;有助于强化以爱国主义为核心的社会主义核心价值观的树立,增强民族凝聚力,提升民族自豪感;有助于营造良好的社会风气,建设社会主义和谐社会;有助于个人提升文明素养和规则意识,提升生活品质和思想境界,增强人生的幸福感。

笔者调查发现,总体而言浙江高校青年认同并遵守"礼仪"观念。然而,西方文化观念的输入呈现出渗透式和隐蔽性强等特点,网络二次元、虚拟文化的影响力日益增强,社会文明的现代化与传统文化的扬弃之间激烈碰撞,这些都让中国传统礼仪文化的取精和去粗在当代的新生面临极其严峻的形势。部分高校青年受到各种因素影响,盲目地追求自由和主体意识,缺乏礼仪意识,也无法及时地应对违背礼仪思想的现象,甚至对传统礼仪文化在当代的价值产生质疑,这些都是当前紧迫的课题。

时代有所呼,青年有所应,师者有所为。作为教育部高级礼仪指导师,笔者长期工作在高校思想政治一线,贴近青年,了解青年。多年来,担任高校思想政治课教师之余,为学生开设礼仪专题讲座,受益学生累计 2000 余人次;受聘担任 G20 杭州峰会志愿者礼仪培训师,为浙江大学等七所高校 3000 余名峰会志愿者开展志愿者礼仪培训 30 余场;为杭州电子科技大学青年教师比赛、学生科技竞赛等赛事提供礼仪指导。在长期深耕于礼仪文化与课程的理论和实践过程中,笔者深切感受到当前高校青年礼仪培养与形象管理的欠缺之处,以及加强高校青年礼仪素养的紧迫性与必要性,于是,在归纳、提炼、总结的基础上有了这部作品。全书以浙江省高校青年礼仪素养与形象管理作为重要观察点,充分运用杭州青年形象实证分析数据,归纳社会及高校礼仪培训典型案例,以心理学、教育学、统计学、美学等多学科理论为指导,探讨高校青年礼仪素养发展与形象管理的社会背景、高校环境、个体心理及提升路径。全书分七章做了系统和全面的介绍,各章内容如下。

第一章以中国传统礼仪为线,概述了礼仪的起源及发展,并阐明了传统礼仪文化的当代价值与实现路径。

第二章着眼于新时代礼仪,从国家、社会、个人等方面综述了新时代礼仪文化的内涵,并从学科角度对新时代礼仪文化的应用进行了详细介绍。

第三章聚焦新时代高校青年的礼仪与形象,概述其内涵、内容与目标,并立足高校,强调了礼仪教育的重要性。

第四章阐述了姿态礼仪、精神面貌及美德担当等视觉形象和精神形象因子对高校青年国际社交形象的影响,探讨如何通过青年形象塑造提升杭州青年国际社交素养。

第五章阐述了大型国际赛事志愿者礼仪培训现状,分析了专业机构、服务行业、自媒体等社会礼仪培训的发展现状,归纳总结其主要经验。

第六章主要阐述了杭州高校系统化及个性化的礼仪与形象管理培训经验,通过典型案例分析现阶段高校礼仪与形象管理培训的欠缺之处,并提出相应的建议。

第七章从礼仪规范、服饰文化等层面对高校青年校园礼仪与形象管理进行指导,是高校青年礼仪素养提升与形象管理的具体实践。

本书由笔者团队撰写完成。各章的撰写分工如下:第一章,宋云峰;第二章,陈方圆;第三章,宋云峰、陈方圆;第四章:郑梦琦、尹菊琴;第五章,卓亨逮;第六章:叶雅琴、卓亨逮;第七章:尹菊琴、郑梦琦。最后由尹菊琴负责修改和统稿。饮其流者怀其源。在撰写过程中,我们查阅了大量国内外的研究论文和著作,在此,向这些文献的作者表示由衷的感谢。我们也热切地期望,本书能抛砖引玉,为浙江省乃至全国高校青年礼仪素养提升略尽涓滴之力。

目 录

CONTENTS

第一章 中国传统礼仪及其发展概述

礼仪作为一种理念载体、制度规范和价值认同，是一个国家、一个民族在道德上、制度上、心理上和情感上的同频共振和共同认知，具有春风化雨、润物无声的教化滋养功能。中国自古就有"礼仪之邦"的美誉，由此形成的礼仪文化是中华优秀传统文化的重要组成部分。它闪耀着古代中国人"礼乐"治天下的政治抱负，包含着古人"制礼作乐""尊尊亲亲"的理想范式，彰显着修身齐家治国平天下的家国智慧，是中华民族宝贵的文化积累和精神财富，优秀的中华传统礼仪文化具有很高的当代价值，应当加以继承和发扬。

2019 年 10 月 27 日，中共中央、国务院印发的《新时代公民道德建设实施纲要》提出：要充分发挥礼仪礼节的教化作用。对整个国家而言，加强礼仪教育和建设有利于传承中华优秀传统文化，树立礼仪之邦的文明大国形象，增强文化自信，彰显中国精神、中国价值和中国力量。对于中华民族而言，礼仪教育有助于强化以爱国主义为核心的社会主义核心价值观的树立，有助于传承发展中华民族的优良品质，增强民族凝聚力，提升民族自豪感，使中华民族永远屹立于世界民族之林。对当今社会而言，弘扬优秀传统礼仪文化，加强礼仪教育能够移风易俗，营造良好的社会风气，形成人人尚礼仪、守规则、讲文明、懂礼貌的社会秩序，有利于建设社会主义和谐社会。对于个人而言，了解礼仪文化，养成文明有礼，尊重包容的好习惯，不仅能大大提升文明素养和规则意识，而且能在互敬互爱、自尊自强的氛围中提升生活品质和思想境界，增强人生的幸福感。

新时代有新使命，新使命有新要求。作为一种制度规范与价值载体，礼仪在移风易俗，成风化人，提升全社会文明程度，提升人民群众文明素养方面具有重要作用。了解礼仪文化，学习、传承和弘扬传统礼仪，并在此基础上推陈出新，打造新时代礼仪文化是利国利家利民的好事，是在全社会形成符合新时代要求的思想意识、精神文明和行为规范的直接路径，值得深入研究。

第一节　中国传统文化中"礼仪"的起源

礼仪是伴随着人类文明的形成而发端的,可以说礼仪是人类文明的基本特征,也是人类的社会属性的重要表现:在非人类的、纯自然的生态环境中,礼仪的存在不仅不可能,也没有任何必要,优胜劣汰和弱肉强食是大自然的法则。一旦产生人类文明,大自然的法则在人类社会中就不完全适用,人们必须合作来完成文明社会的复杂任务,于是某些共同的"仪式""规则""制度"等就成为必需。《荀子·礼论》曾自问自答:"礼起于何也? 曰:人生而有欲,欲而不得,则不能无求;求而无度量分界,则不能不争。争则乱,乱则穷。先王恶其乱也,故制礼义以分之,以养人之欲,给人之求,使欲必不穷乎物,物必不屈于欲,两者相持而长,是礼之所起也。"可见,礼仪的起源是与人类文明的发展同步的。关于"礼仪"的起源,学界的研究非常多,张自慧的《礼文化的价值与反思》一书认为,礼仪的产生有天道说、本心说、制欲说、缘情说、祭祀说、风俗说、宗教说、交往说等,各种持论都有不同的逻辑和根据。[①] 目前公认度相对较高的有两种说法:一种是礼仪起源于祭祀;另一种是礼仪起源于风俗习惯。

一、关于礼仪起源于祭祀

《说文解字》是这样解释"礼"的:"礼,履也,所以事神致福也。"据此,不少学者进一步从文字学、语义学、文化人类学等角度阐释礼仪起源于古代祭祀的说法。李孝定在《甲骨文字集释》中就这样解释,"以言事神之事则为礼,以言事神之器则为丰,以言牺牲玉帛之腆美则为丰。其始实为一字也"。也就是说,用于祭祀的这一整套东西都是礼仪。史华楠在《中国礼仪的起源与鸿蒙之初的礼仪文化》一文中认为,礼仪最先是祭祀中的一套仪式,从祭天地、祭山川、祭社稷等活动,逐步成为覆盖婚丧嫁娶等社会各个方面的、成体系的"礼制"、礼节,后来还包括官方的制度、规定等。[②]

中国古代"国之大事,在祀与戎"(《左传·戍公十三年》),礼仪起源于祭祀的说法正好印证了中国人对敬先祭祖活动的重视。中国古代有正式祭祀天地

---

① 张自慧.礼文化的价值与反思[M].上海:学林出版社,2008.
② 史华楠.中国礼仪的起源与鸿蒙之初的礼仪文化[J].扬州大学学报(人文社会科学版),1999(1):25-29.

的活动,其可追溯到公元前 2000 年,尚处于奴隶制社会的夏朝。自西汉统治者加强思想控制,宣扬"君权神授",中国历代帝王都以"天子"自居,通过祭祀天地来宣示君权权威,以上率下,从贵族皇室到民间百姓,敬天祭祖都是国家、集体和家庭的头等大事,古代等级制度得以不断强化。根据史料,明清时期,皇帝每年冬至日会在天坛祭天,礼仪极其隆重与繁复。历史上每个皇帝都把祭祀天地当成一项非常重要的政治活动,为此不惜集中人力、物力、财力,以最高的技术水平、最完美的艺术去建造祭祀建筑。如今保存完好的北京天坛、地坛公园正是中国众多祭祀建筑中具有代表性的作品,无论从建筑还是艺术的角度,天坛都堪称中国古建筑中的明珠,世界建筑史上的瑰宝。乔伟在《乔伟文集》中认为,礼仪原本是祭祀的一整套仪式,后来经过长期的演化,逐渐成为在更大范围内有约束力的各种风俗、仪式和规定。[①]郭沫若在《十批判书》中也指出:"大概礼之起,起于祀神,故其字后来从示,其后扩展而为对人,更其后扩展而为吉、凶、军、宾、嘉各种仪制。"[②]把礼仪的起源归于由祭祀活动而发展出的一整套覆盖社会的规章典范、约定俗成,这一说法不仅符合中国古代实际,而且在中国各类经史子集和文学作品中,都可以窥见端倪。

二、关于礼仪起源于风俗习惯

孟德斯鸠在《论法的精神》中表述,中国的立法者"把宗教、法律、风俗和礼仪都混在一起。所有这些东西都是道德。所有这些东西都是品德。这四者的箴规,就是所谓礼教"[③],这里所说的其实是礼仪在经过几千年的嬗变和充盈之后的形象,同时也可以看到,"风俗"不仅是礼仪的内涵之一,甚至可能是礼仪的重要起源。《礼记·仲尼燕居》载"礼也者,理也"。"理"经过后世统治者的不断强化,成为一套尊尊亲亲、父父子子的政治的、社会的秩序,用来教化百姓,约束行为,直至演变为"存天理,去人欲""饿死事极小,失节事极大"等极端的风俗偏见。孔子生在礼崩乐坏的春秋时期,非常向往西周礼乐昌明的社会秩序,认为周继承了夏商的文明且将其发扬光大,礼乐昌明,民各安其命,社会井然,因此他的政治抱负就是使社会秩序回到周公时代,所谓"周监于二代。郁郁乎文哉,吾从周"(《论语·八佾篇》)。

在儒家学派看来,礼仪是人类生存发展的必然需要,是人类社会必须遵守

① 乔伟.乔伟文集:第 2 卷 中国法律制度[M].济南:山东大学出版社,2000.
② 郭沫若.十批判书[M].北京:人民出版社,2012.
③ 孟德斯鸠.论法的精神[M].北京:商务印书馆,1961.

的规范和守则,这种规范和守则就是"理",把"理"落实到生活中就是"俗",所以教化民众就被称为"移风易俗"。"礼"是与民风习俗紧密联系在一起的。《管子·枢言》说"法出于礼,礼出于俗",《慎子·佚文》说得更直接,"礼从俗"。荀子做了更加深入的解释,他说"礼以顺民心为本。顺人心者,皆礼也"(荀子·大略)。老百姓约定俗成的那些东西,就是"礼",所谓守礼就是遵守那些约定俗成的东西,就是风俗。贺璋瑢和王海云在《中华传统礼仪》中提出,礼仪原来是民众的风俗习惯,进入阶级社会后,统治者出于治理的需要,将其中一部分风俗习惯固定化、程式化、复杂化、神秘化,上升为礼制。在我国历史上,由于儒家的一再倡导,礼制反过来又对底层民众的生活方式和风俗习惯产生很大的影响,礼制下沉,就成为通常所说的礼俗。[①] 礼俗可以说存在于中国人生活的方方面面。出生有满月礼、周岁礼,长大有成人礼,结婚有聘礼、婚礼,过年有年俗,各种节日更有数不清的风俗习惯,几千年来约定俗成。就婚礼习俗而言,各地均不相同,有的地区有"吃茶"的仪式,这象征着将女子许婚给男方,湘西地区的一些少数民族就有此习俗;浙西地区有媒人说成婚事后,给媒人煮蛋、煮茶的习惯。就祭祀习俗而言,在江苏丘湾古遗址中,曾发现当地祭祀地神"社"的场所,矗立地面的巨石象征着"社",但是各个时期祭祀"社"的材料却不一样。《淮南子·齐俗训》中记载:"夏后氏,其社用松……;殷人之礼,其社用石……;周人之礼,其社用粟……。""五里不同风,十里不同俗"的情况比比皆是,但是无论哪种风俗习惯,都有各自的沿革,各自的约束,不能随意破坏。

三、关于礼仪起源的其他说法

一是以孔子为代表的"天道说"。《左传》文公十五年记载了孔子的话:"礼以顺天,天之道也。"《礼记·礼运》也借孔夫子之口说:"夫礼,先王以承天之道,以治人之情,故失之者死,得之者生。……是故夫礼,必本于天,淆于地,列于鬼神,达于丧、祭、射、御、冠、昏、朝、聘。"这把礼仪的产生归于顺应天意,为礼仪的宣扬教化和普及披上了神圣的外衣。

二是以孟子为代表的"本心说"。孟子以"四端"论性,所谓"辞让之心,礼之端也"(《孟子·公孙丑上》)。孟子之后,《礼记》中的不少篇章、西汉司马迁的《史记·礼书》和郑樵疏解礼记的《礼经奥旨》等礼学论著都主张"礼本于人情"或"礼生于人的心性",这种说法是从伦理层面为"礼"赋予道德属性。

---

① 贺璋瑢,王海云.中华传统礼仪[M].北京:中国人民大学出版社,2016.

三是以荀子为代表的"制欲治乱说"。"礼起于何也？曰：人生而有欲，欲而不得，则不能无求；求而无度量分量，则不能不争。争则乱，乱则穷。先王恶其乱也，故制礼义以分之……"（《荀子·礼论》）这种说法尤其得到历代统治者的认同，因而"礼"变为"礼教"，顺天道、源本心的自发自觉的奉礼，变为必须"守礼""守法"，由法律法规来保障"礼"。

此外，"饮食说""交易说""人情说""原始的手势动作说"等各有依据，不一而足。

第二节　礼仪的内涵与外延

前文所述，礼仪起源于人类早期社会的各种宗教巫术、生活习俗，在演进过程中融入了古代的风俗习惯、人伦感情、价值观念，经过统治阶级的加工整理，最终发展为整合了物质、制度、伦理、价值观的精神文化体系。

一、概念界定

中国传统文化中的"礼""仪"，其实是两个不同的概念。"礼"是在社会生活中由于风俗习惯等因素而形成的社会规范、道德规范、制度规则，是一种集体意识。"仪"是"礼"的外在表现形式，它是在"礼"的界定下呈现出来的一系列规范操作程序。研究礼仪，首先要厘清"礼""仪"之间相互依存又有所区别的关系。

《说文解字》中记载："礼，履也，所以事神致福也。"邓芳在《中国古代礼仪文化》一文中认为，"礼"主要有政治制度、敬称、仪式和礼物礼品等四层含义。[①]"仪"在《说文解字》中的解释是："仪，度也。"它既包含仪式，也含有规章、法度的意思。可以说，"礼仪"是意识与行为的统一，抽象与具象的结合，所谓"仪生于礼而合乎礼，故谓之礼仪"。两者虽有不同却紧密联系，不可分割，早在《诗经》中就已经将两者合用，如"礼仪卒度，笑语卒获"等。当"礼"和"仪"结合在一起成为"礼仪"时，便是内在与外在的有机结合，成为礼节与仪式的共同体。因此，中国传统文化中的"礼仪"，既包含几千年延续并传承下来的、基于各民族文化风俗而建立起来的共同价值认同和集体意识，也包含一整套社

---

① 邓芳.中国古代礼仪文化[J].大众文艺,2015(11):248-249.

会交往的行为规范与准则,具体表现为各个场合中的礼貌、礼节、仪表、仪式等。简单来说,"礼仪"不仅展现了整个中国社会的价值体系,而且是一种行为范式。

二、"礼仪"的不同内涵

根据学者的研究,我国古代"礼仪"的内涵非常丰富,这里主要从"类"和"目"两个角度做介绍,前者站在分类构成的角度来区分,后者则注重具体内容的不同。

第一,从大"类"来看,古代的"礼仪"大致包含了国家、社会和个人三个层面的内容。(1)从国家层面来看,"礼仪"主要指由官方发布、不断更新和传承的法律法规、典章制度、规则范式,是当时人们必须遵守的成文或半成文法则。孔子说:"殷因于夏礼,所损益,可知也;周因于殷礼,所损益,可知也。"(《论语·为政》)可以说中国历代的礼仪是不断发展传承的。封建礼制发展的重要时期是汉代,叔孙通等人在统治者授意下疏解"三礼"(《周礼》《礼记》《仪礼》),制定了一整套严格的礼仪制度用于约束人民的行为,这可以视作封建礼仪制度国家层面的滥觞。到唐代又几经修编,增为"五礼","礼仪"更加系统和完整,直到明清都只是增删修补,在规格和内容方面没有大的变化。只是到了明清时期,"礼仪"日渐变为维护封建专制的、灭绝人性伦理的"礼教",日益走向腐朽和僵化,直到近代开文明之新风、新文化运动等,其风气才为之一变。

(2)从社会层面来看,"礼仪"指的是古代社会所形成的行为规范、交往仪式的礼制及待人接物之道,更多的是风俗人情层面的约定俗成。不少学者认为"礼仪"的缘起与原始社会逐步形成的"风俗""礼俗"等社会习俗有关,而其也是靠着民间的"移风易俗"才源远流长,可以说,"礼"的规定到了"俗"的层面才保留了生命力,扎下了根基。从部落社会起,礼乐、占卜、嫁娶、衣冠、音乐等都已经形成了各自约定俗成的规则。唐代杜佑的《通典》记载"尧舜之时,五礼成备"。虽然缺乏文字记载的信史明证,但是这个"礼"恐怕更多还是在约定"俗"成的层面上说的。几千年以来,中国传统文化中的"礼仪"早已包含了从生到死、从礼到兵、婚丧嫁娶、服饰宴饮等方方面面,与每个中国人的生活不可分割。

(3)从个体层面来看,"礼仪"指的是立足于自身修养,在精神文明层面对社会个体与其他成员具有约束力的道德规范,是人们对于更高程度文明的一种期冀,是一种更高层面的价值追求。孔子在"礼仪"的教育实践方面更注重言传身教和以身作则。在《论语·季氏》中记录过一个孔子教子学礼的故事，后来被称为"诗礼传家"。孔子有一天独自站在庭院中，其子鲤迈着小步恭敬快速地走过，孔子问他有没有学过《诗经》，鲤回答说没有。孔子说："不学诗，无以言。"于是，鲤就退回去认真学习《诗经》。又一天，鲤经过庭院时又被孔子叫住，问他有没有学过《礼记》，鲤说没有。孔子又教育他："不学礼，无以立。"于是，鲤就退回去学习《礼记》。这个故事在中国广为流传，而"知书达礼"也成为古代中国人对子女个人修养的一种基本期许。事实上，以继承和发扬"周礼"为己任的孔子认为"礼仪"不仅仅是治理国家的需要，更是人们安身立命的根本。他要求人们"非礼勿视、非礼勿听"，自己也"言为士则，行为世范"，在礼仪方面做表率。

第二，从条"目"来看，主要是依据不同的方法划分"礼仪"。

汤媛和傅琼在《中国传统礼仪文化的精神内涵及当代价值》一文中从"要素""内容""仪礼"三个层面描述传统礼仪文化的构成。[①] 从要素层面看，礼仪主要指社会层面的礼节、礼貌，是人与人交往的基本规范和道德体现，是利益在社会性需求层面的综合表达。从内容层面看，礼仪文化涉及国家、社会、个人生活的方方面面，如服饰、谈话、社交、文体娱乐、职业、生老病死等，人们生活的各个方面无一不在礼仪的范畴。从仪礼层面看，更主要的是对中国传统文化的"五礼"的描述，即"吉、凶、军、宾、嘉"。《周礼·春官·大宗伯》最早对"五礼"的具体作用进行了详细描述，唐开元年间的《大唐开元礼》对此前历代的礼制做了系统梳理，其成为后世礼制的典范。古代的"五礼"既是封建国家和社会的礼仪典章规范，也是约束人们思想和行为的道德礼教，既有规章制度，也有礼仪教化，覆盖了人们生活的方方面面。

三、"礼仪"与其他易混淆的概念

在研究"礼仪"的内涵和外延时，我们必须明确与"礼仪"相关的另外五个词语，即"礼貌""礼节""礼俗""仪表"与"仪式"。这五个词语非常相近，但是内涵不同，它们与"礼仪"一词既有联系又有区别。

"礼貌"，指的是人们在社会交往过程中展示的品质与素养，多数通过交往时的语言、文字、动作、表情等来进行展示。在当今社会，文明礼貌已经成为整

[①] 汤媛,傅琼.中国传统礼仪文化的精神内涵及当代价值[J].江苏第二师范学院学报,2019,35(5):54-58.

个社会人际交往的共识。

"礼节",其实是社会人际交往中对"礼貌"的具体展示。尤其是涉外交往或者民族交流时,礼节十分重要,体现了对他国文化、其他民族文化的尊重和理解。

"礼俗",指的是各种风俗习惯,是在特定环境中经常出现的行为方式,是"礼仪"的一种特殊表现形式。古语有言:十里不同风,百里不同俗,千里不同情。相隔十里,两地的生活风气不同;相隔百里,习俗不同;相隔千里,人情世事不同。其实这阐述的就是不同地域和民族在各自的社会生活中形成了当地的礼俗。

"仪表",指的是容貌、形体、气质、发型、配饰等人的外在。仪表不仅体现一个人对美的追求,还体现了一个人的精神风貌。符合交往环境的仪表,也是对他人的一种尊重。在商务交往中衣着正式,在日常交友中打扮休闲端庄。"仪表"即为本书研究的"形象"。

"仪式",是礼仪的具体展现形式,多指在大型场合或者特殊场合里标准化的行为规范活动。在古代,有"喜礼""吉礼""宾礼""军礼"及"凶礼"等程式化的仪式。在现代,仪式更为繁多,如成人仪式、结婚仪式、开幕仪式、闭幕仪式、颁奖仪式、交接仪式、签字仪式、奠基仪式、捐赠仪式等。从古至今,仪式能够体现国人对这些场合的重视程度。

"礼仪"从不同的角度来看,其解读也略有不同。例如,从审美的角度看,礼仪是心灵美外化的形式;从道德的角度看,礼仪是与人交往、待人接物的行为规范;从交往的角度看,礼仪是人际交往的一种方法和方式;从精神的角度看,礼仪是一个人的道德修养的外在体现。

第三节 "礼仪"在传统文化中的价值体现

人类活动在受自然规律影响和制约的同时,还受到各种社会规范的影响和制约。在这些社会规范中,除了道德规范和法律规范外,还有一个很重要,那就是礼仪规范。作为在人类历史发展中逐渐形成并积淀下来的一种文化,礼仪始终以某种精神的约束力支配着每个人的行为,是人类文明进步的重要标志,是适应时代发展、促进个人进步和成功的重要途径。那么,如何理解中国传统文化中礼仪的本质与精神内涵?礼仪在传统文化中的价值如何体现?

一、中国传统文化中礼仪的本质与精神内涵

《礼记·曲礼上》言:"行修言道,礼之质也。"也就是说,礼仪在古代是管理国家、规范社会、约束言行的所有规范的统称,涉及国家、家庭与个体,包括祭祀、征战、庆典和其他一切社会活动。它表现为一系列的义理规则、伦理道德、规范约束,在几千年的古代社会中有因袭,也有变更和创新,但是有着一脉相承的共通的内核。

于丽萍在《中国传统礼仪文化的当代价值及其实现机制研究》认为,礼仪的本质与思想精髓体现在四个方面:道义、规律、尊敬和诚信。[①] 第一,"道义"包含了"宜"与"道"两个方面,就是指人之所以为人的"适宜之道",所谓"礼者,人道之极也"(《荀子·礼仪》)。"宜"就是"义",所谓"义不容辞";"义"也是"道",是应尽之道,因此《礼记》中有"十义"的说法,十义规定了人伦中的各项基本道德规范,这些道德规范为中国古代历朝历代所遵从。第二,礼仪也预示着规律,自然界的规律是自然法则,而人文范畴的"自然法则"就是"天理",是人类社会的"规律",是人们应当遵从无违的,"礼也者,合乎天时,设于地财,顺于鬼神,合于人心,理万物者也"(《礼记·礼器》)。第三,礼仪主要表达尊敬。经礼三百,曲礼三千,一言以蔽之就是"敬"。可见在礼学经典中,"敬"是礼仪的核心。于丽萍认为,这是因为人类要想生存、繁衍,个体要想发展、存续,必须相互尊重,和谐共生、和平共处才能实现合作共赢,不断发展。第四,礼仪的基础是诚信。《礼记·礼器》载:"忠信,礼之本也;义理,礼之文也。无本不立,无文不行。"礼仪的根本是"信用、诚信、忠信","仁义礼智信"更是众所周知的儒家核心道德准则之一。

在《中国传统礼仪文化的精神内涵及当代价值》一文中,汤媛和傅琼对中国传统文化中礼仪的精神内涵也做了类似的解读。[②] 她们认为,中国传统文化中礼仪的核心是仁,本质在敬,基础是诚,根本在和。前三点和于丽萍的观点类似,举证有差,最大的区别在于汤媛和傅琼提出"礼仪文化的根本在于和"。"和"是中国传统、民族心理和社会意识的典型特征,"致中和""和为贵""君子和而不同,小人同而不和""和谐共生""和谐社会""和和美美"等理念早已深入每个中国人心中,是几千年以来人们孜孜以求的理想社会状态。《论语·

① 于丽萍.中国传统礼仪文化的当代价值及其实现机制研究[D].济南:山东大学,2016.
② 汤媛,傅琼.中国传统礼仪文化的精神内涵及当代价值[J].江苏第二师范学院学报,2019,35(5):54-58.

学而》载:"礼之用,和为贵。先王之道,斯为美,小大由之。"礼仪的根本在于"和","和"不仅强调了尊"礼"的重要性,更为尊"礼"指明了道路:个体遵循"和为贵"的思想观念和道德教化,整个社会就能形成和谐融洽的人际关系与社会氛围,进而构建宽容、有序的良好社会秩序,实现"大同"的理想社会状态。

二、传统"礼仪"的思想

著名史学大师钱穆先生说"礼是中国文化之心"。古代中华民族以丰富的礼仪文化而受到其他民族的称扬赞慕。孔子以前,有夏、殷、周三代之礼,因革相沿,到周公时代的周礼已比较完善。春秋战国时期,孔子更是把"礼"作为治国安邦的基础,主张"为国以礼""克己复礼",倡导统治者要对人们"约之以礼"。孟子把仁、义、礼、智作为基本道德规范,认为"辞让之心"和"恭敬之心"是礼的发端和核心。荀子论证了"礼"的起源和社会作用,把"礼"称为"人道之极也",看作做人的至高理想与目标,进而强调"人无礼则不生,事无礼则不成,国无礼则不宁"。管仲说:"礼义廉耻,国之四维,四维不张,国乃灭亡。"从这些思想家的言论中可见,礼仪为适应社会文明、人类发展进步的需要而一步步发展。几千年来,逐步形成了许多优良的道德规范、人际交往的礼节仪式和良好的生活准则,它们是中华民族共同的财富,对中华民族精神文明、人文素养的提升起到了极其重要的作用。

中国传统礼仪的范畴涵盖了家国天下、衣食住行的方方面面。《礼记·曲礼上》载:"道德仁义,非礼不成,教训正俗,非礼不备。分争辨讼,非礼不决。君臣上下父子兄弟,非礼不定。宦学事师,非礼不亲。班朝治军,莅官行法,非礼威严不行。祷祠祭祀,供给鬼神,非礼不诚不庄。是以君子恭敬撙节退让以明礼。"可以说无"礼"不成书。历代统治者也对载于典籍、约束万民、维护社会稳定的礼仪格外重视。根据目前的研究,传统礼仪在中国古代社会的功能与作用大致有以下几点。

第一,维护或维系统治,确保国家、社会稳定。史雪峰认为,孔子"不学礼,无以立"和周公"制礼作乐"彰显的都是礼仪文化在国家治理方面的价值。黄立霞认为,礼仪的本质是治人之道,礼仪有助于综合国力的提升,有助于维护国家安定。[①] 于丽萍也认为,礼仪与法律、政治有着天然的联系,所以古代社会治理采取"礼法结合"的形式,就是为了维护社会安定,确保政令畅通。礼仪

---

① 黄立霞.传统礼仪文化的现实价值及其传承路径[J].汉字文化,2017(19):74-75.

具有管理性、约束性、通用性。①

第二,规范秩序,维护良好的社会风尚。礼仪应用于人们生活的方方面面,是人与人之间的交际准则和行为规范,对人们的一言一行、一进一退都有约束和调整作用。在《中国传统礼仪文化对当代大学生的影响探析》一文中,权丽竹和权立枝认为,传统礼仪分为五大类,对人们在不同场合的行为做出了规定,要求人们"克己复礼",按规矩办事,进而形成人人守规矩的社会风尚。②

第三,教化民众,提升民众道德修养和文明素质。儒家认为,个人成长之路从"修身"开始,修身的标准就是历代传承的道德法则和礼仪规范,由"修身"出发,进而可以"齐家、治国、平天下",一切事功的起点在于个人的修养。张安强认为,中国传统礼仪文化包含了个人、家庭、国家、社会等四个层面的价值,就个人层面而言,传统礼仪文化非常强调个人的修养和人格的健全。葛晨虹认为,礼本身就是道德的外在表现,"礼仪在某种意义上就是修身、齐家、治国、平天下的根本"③。汤媛和傅琼认为,礼仪首先具备的就是提升个人道德修养、教育民众的功能。④

《礼记》是儒家经典著作之一,通常是指《小戴礼记》,共49篇,由众多儒家知识分子共同撰写而成,成书时间大约在秦汉之间。陈四海认为,由于《礼记》的内容对封建制度巩固有重要作用,历代统治者都将它奉为经典,来指导和约束人们的言行,《礼记》也被提到了很高的地位,历代儒家也将《礼记》视为圭臬。事实上,从孔子著《春秋》,修订《礼》《乐》,增删六经,"礼"无论作为周以来的典章制度还是作为思想理念都已经深深融入儒家血脉。自西汉董仲舒之后,儒术独尊,而儒家思想特别是"礼"的思想更加被统治者重视,历代儒家学者也不断修订和编纂关于"礼"的典籍,《礼记》正是在这样的背景下诞生并成为儒家历代奉行的经典。以孔子、孟子、荀子为代表的先秦儒家对"礼"都极为重视,"礼"的思想不仅深深融入儒家思想血脉,更对后世乃至中国传统文化产生了深远影响。

(一)孔子的"礼"的思想

孔子是儒家学派的创始者,我国历史上著名的政治家、文学家、思想家、教

---

① 于丽萍.中国传统礼仪文化的当代价值及其实现机制研究[D].济南:山东大学,2016.

② 权丽竹,权立枝.中国传统礼仪文化对当代大学生的影响探析[J].文化创新比较研究,2021,5(15):17-20.

③ 张安强.浅谈中华传统文化的思想内涵与当代价值[J].文教资料,2018(1):64-68

④ 汤媛,傅琼.中国传统礼仪文化的精神内涵及当代价值[J].江苏第二师范学院学报,2019,35(5):54-58.

育家,也是具有深远影响的世界级文化名人。孔子一生学习周礼,传播周礼,且以恢复周礼作为自己的人生志向,并极力主张进行道德教育和伦理建设,克己复礼,实现和谐的社会生活。南怀瑾先生认为孔子主张的"礼"的本质是谦让文化。在孔子那里,"礼"是规则秩序、规范约束、守则规矩,在这个层面上,"礼"与"法"有了共通性。郑州大学韩冰认为,孔子的"礼"是等级和差别的体现,是为了规范人们的内心使其达于"仁"的最高境界的手段,而先秦儒家所说的"礼"也是广义上的"法",其中既包含了国家的政治、法律制度,也包括指导礼法和司法的基本原则。①

《论语》是记录孔子及其弟子言行的语录文集,体现了孔子及儒家学派的政治主张、伦理思想、道德观念、教育原则等,被后世尊为儒家经典,目前通行的版本全文共 20 篇,11000 余字,提到"礼"的有 17 篇,共计 75 次。在这些孔子或其弟子的言论中,既讲到"礼"的作用,谈及"礼"的重要性,也有论述尊礼、守礼、学礼的途径。总结来说,在孔子那里,"礼"至少在三个层面发挥作用。

1. 道德修养层面

孔子说:"恭而无礼则劳,慎而无礼则葸,勇而无礼则乱,直而无礼则绞。君子笃于亲,则民兴于仁;故旧不遗,则民不偷。"(《论语·泰伯》)"恭""慎""勇""直"等都是儒家看重的道德品质,而孔子认为,如果没有"礼"的话,这些品质就黯然失色了。可见,孔子把是否有"礼"、知"礼"作为评价一个人是否高尚的重要标准,在与他的商人弟子子贡的对话中特别强调了一个人"好礼"的重要性。"子贡曰:'贫而无谄,富而无骄,何如?'子曰:'可也。未若贫而乐,富而好礼者也。'"(《论语·学而》)作为孔子的得意高徒,颜渊对孔子对于"礼"的教化深有体会:"夫子循循然善诱人,博我以文,约我以礼,欲罢不能。既竭吾才,如有所立卓尔,虽欲从之,末由也已。"(《论语·子罕》)孔子不仅这样要求别人,自己也是这样做的,他会谦虚地向别人请教。"子入太庙,每事问。或曰:'孰谓鄹人之子知礼乎?入太庙,每事问。'子闻之,曰:'是礼也。'"(《论语·八佾》)即便自己知道,也要保持谦逊有礼,孔子认为这是基本的礼貌,并不担心别人笑他无知。

"君子"在儒家眼中是至高无上的近乎完美的理想人格,道德楷模。孔子认为,"礼"是成为君子的必备条件。他说:"君子义以为质,礼以行之,孙以出之,信以成之。君子哉!"(《论语·卫灵公》)"礼"是君子能够成为君子的必由

---

① 韩冰.礼入于法 出礼入刑——解读儒家思想中的"礼"[J].法制与社会,2010(25):9-10.

路径,所谓"礼以行之"指君子是按照"礼"的要求来言行的,如此才能成为君子。孔子把"知礼"看成一个人安身立命的必备条件,"不知命,无以为君子也;不知礼,无以立也;不知言,无以知人也"(《论语·尧曰》)。

"仁"是儒家思想的核心之一,"天下归仁"是儒家政治理想的终极目标,人有仁则为君子,国有仁则为仁政,而"礼"是实现"仁"的重要路径。孔子说:"人而不仁,如礼何?人而不仁,如乐何?"(《论语·八佾》)颜渊曾经问孔子什么是仁,孔子说:"克己复礼为仁。一日克己复礼,天下归仁焉。为仁由己,而由人乎哉?"颜渊继续问,如何才能"克己复礼",孔子指出了一条明确的道路:"非礼勿视,非礼勿听,非礼勿言,非礼勿动。"(《论语·颜渊》)也就是说,从自己守礼、尊礼做起就可以实现"仁",只向内求不向外。在孔子这里,"礼"毫无疑问是道德准则,是对每个人的要求。

2.政治法律层面

孔子一生以恢复周公时代的秩序为己任,他认为最好的路径是"礼",认为"周礼"是一种制度、秩序,是几千年因循传习而有章可循的。在回答子张的提问时,孔子说:"殷因于夏礼,所损益,可知也;周因于殷礼,所损益,可知也。其或继周者,虽百世,可知也。"(《论语·为政》)子曰:"夏礼,吾能言之,杞不足征也;殷礼,吾能言之,宋不足征也。文献不足故也。足,则吾能征之矣。"(《论语·八佾》)孔子认为,要恢复三代秩序就必须遵守那个时代的规则制度,而"礼"就是最重要的路径。因此在孔子看来,通过"礼"可以治理国家、稳定社会。鲁定公问孔子:"君使臣,臣事君,如之何?"孔子对曰:"君使臣以礼,臣事君以忠。"(《论语·八佾》)这里指的是君臣的礼;子曰:"道之以政,齐之以刑,民免而无耻。道之以德,齐之以礼,有耻且格。"(《论语·为政》)这里指的是约束百姓、治理国家的礼。

孔子深知,治理国家既需要礼乐,也需要刑法,但是礼乐在刑法之前,先要兴礼乐,让人们知荣耻,然后用刑法服众,国家才能安定。他说:"野哉,由也!君子于其所不知,盖阙如也。名不正,则言不顺;言不顺,则事不成;事不成,则礼乐不兴;礼乐不兴,则刑罚不中;刑罚不中,则民无所措手足。故君子名之必可言也,言之必可行也。君子于其言,无所苟而已矣。"(《论语·子路》)这里的"礼"更多指的是"礼法",是典型的社会治理手段。

孔子把"礼"看作政治规则和社会秩序,认为只有尊礼而行才能实现国家安定、政治清明、人民安居乐业。有人问他管仲是否知礼,孔子说:"邦君树塞门,管氏亦树塞门。邦君为两君之好,有反坫,管氏亦有反坫。管氏而知礼,孰不知礼?"(《论语·八佾》)孔子对于不尊礼的行为深恶痛绝,"八佾舞于庭"的典故出自《论语·八佾》。"孔子谓季氏:'八佾舞于庭,是可忍也,孰不可忍也。'""佾"指奏乐舞蹈的行列,也表示社会地位的乐舞等级、规格,天子、诸侯、大夫、庶人所能享受的乐舞规格不同,只有各安其分社会才能稳定,这是孔子的政治理想,但季氏作为鲁国的家臣却行僭越之礼,这是倡导以"礼"治国的孔子所不能容忍的。

3. 礼仪风俗层面

"修身、齐家、治国、平天下"是儒家的"大学之道",《大学》是《礼记》中的重要篇章。"礼"在个人层面表现为"修身",在家庭层面就是"齐家",在社会层面就是"治国、平天下",因此倡导人人守礼、移风易俗、教化民风正是以孔子为代表的先秦儒家思想中"礼"的另外一个重要作用。子曰:"生,事之以礼;死,葬之以礼,祭之以礼。"(《论语·子罕》)在风俗这个层面,"礼"不是一成不变的,要与时俱进,于是孔子说:"麻冕,礼也;今也纯,俭,吾从众。拜下,礼也;今拜乎上,泰也。"(《论语·为政》)那些不合时宜的繁文缛节、铺张浪费,即使符合古之礼,也应该适时改进,这是孔子"礼"的思想的变通之处。在这个层面上,"礼"是接地气的,不是高高在上的。因此当林放问到"礼"的时候,孔子因材施教,没有谈治国理政,而从小处着手,说:"大哉问! 礼,与其奢也,宁俭;丧,与其易也,宁戚。"(《论语·八佾》)这与"尊尊亲亲",天下大治的周礼明显不同,更多是落脚在小处,落脚在生活中,这是孔子"礼"的思想变通的地方。

不少学者认为,孔子阐述的"礼"其实是其"仁"的主张的主要表现形式。"仁"为核心,"礼"为功用。《论语》中涉及"仁"字的共58章,"仁"字共计出现109次,集中体现了孔子的做人思想。在《论语·颜渊》中,孔子回答弟子颜渊什么是"仁"的问题时,说的就是"克己复礼为仁"。"克己"是自觉控制自己,"复礼"是使得言论行动合乎礼。这里强调的是人的道德自律和自觉。人们通过克制自己,自觉守礼,进而达到"非礼勿视,非礼勿听,非礼勿言,非礼勿动"的境界。视、听、言、动都合于"礼",这其实也为"仁"的境界。孔子主张的是"克己"和"复礼"的和谐统一,既要严格修身,又要在与人交往的过程中自觉地遵守社会秩序、道德规范,严格地以道德原则克制自己的言行举止。

(二)孟子关于"礼"的思想

孟子被称为"亚圣",是继孔子后儒家思想的又一代表人物,孟子关于"礼"的思想与孔子既一脉相承,同时又有所发扬。在《论礼在先秦儒家思想中的地位和作用》一文中,欧阳小桃从三个方面概述了儒家思想中的"礼"。①

1. 礼是人与动物相区别的标志

孔子拿牛马反哺来类比赡养老人,认为人就是有了"敬""礼"才区别于牛马;孟子对这种思想加以发扬,认为君臣父子、上下尊卑都体现了"礼",人们必须遵守"礼",否则就与禽兽无异,所谓"无君无父,是禽兽也"(《孟子·滕文公下》)。

2. 礼是人们言行的准则

孔子说"不知礼,无以立也"(《论语·尧曰》),孟子进而说"非礼,无行也"(《孟子·离娄下》),礼是人们言行的圭臬、思想的准绳,如果无"礼"的话,人们不仅无法立足,更没有任何德行可言。孔孟都表示要通过"礼"所规定的规则范式来约束人们的行为,进而求得社会的稳定,实现国家治理。

3. 礼是治国之本

孔子尊周公,主张效法西周以来的政治制度和伦理道德以期望回到社会大治的状态;孟子认为国家治理的根本在于"仁政",孟子的"仁政"正是先秦儒家以"礼"治国的具体主张和做法。但是孟子的"仁政"是有双向约束力的,不仅要求政府的"仁",同时也要求人们的"仁",各尽其责,各守其分,如此才能实现理想的国家治理。

(三)荀子关于"礼"的思想

荀子是战国末期赵国人,是先秦时代百家争鸣的集大成者,为传播儒家思想做出了重大贡献。与孟子的"性善论"不同,荀子提出了"性恶论",主张人性有"性"和"伪"两个部分。荀子认为:"凡性者,天之就也,不可学,不可事。礼义者,圣人之所常生也,人之所学而能,所事而成者也。不可学,不可事而在人者,谓之性;可学而能,可事而成之在人者,谓之伪。是性伪之分也。"(《荀子·性恶》)性(本性)是恶的动物本能,伪(人为)是善的礼乐教化,因此特别强调"礼"和教育对人的影响。

荀子认为,"礼"是"为人"的根本,是人超越自然状态的表现,同时也体现着自然秩序。先王制定"礼",就是为了人在合理范围内去追求和满足自己的欲望,从而达到和谐共生的美好状态。荀子更直接地指出了无论个人层面、社会层面、国家层面都必须讲"礼","人无礼则不生,事无礼则不成,国无礼则不宁"(《荀子·修身》)。荀子认为,天地、先祖、君师即为"礼"的三本,天地指人

---

① 欧阳小桃.论礼在先秦儒家思想中的地位和作用[J].江西社会科学,1989(4):98-102.

类生存的自然环境,人类依附于天地而生,因此敬天知命,礼敬自然,不能悖天命而行;人类继承先祖的血脉,因此要礼尊先祖,懂得感恩;人类得到君师的教育感化,有了君师的教化,才有社会的安宁、人民的安居乐业,因此要礼尊君师。荀子对人为何要守礼给出了完整的解释。

同时,荀子提出性恶论,因此主张"隆礼""重法","故圣人化性而起伪,伪起而生礼义,礼义生而制法度"(《荀子·性恶》)。荀子强调礼义先于法度而产生,但是应该礼法并重,他说:"礼者,贵贱有等,长幼有差,贫富轻重皆有称者也。"(《荀子·富国》)"礼之于正国家也,如权衡之于轻重也,如绳墨之于曲直也。故人无礼不生,事无礼不成,国家无礼不宁。"(《荀子·大略》)"礼义之谓治,非礼义之谓乱也。"(《荀子·不苟》)因此虽然荀子是儒家代表,门下弟子却各擅胜场,甚至培养了韩非子、李斯等对后世影响较深的知名法家代表人物。

从孔子到孟子、荀子,儒家的"礼"的思想实现系统化发展,并且在战国末期达到巅峰,深深影响了后世儒家思想的内核和发展。

三、礼仪艺术对古代艺术品的影响:以礼器为例

中国传统文化中的礼仪对古代艺术作品影响深远,形成所谓的"礼仪艺术"。"礼仪艺术"与日常生活中的视觉、物质及中国古代后期的绘画书法作品不一样,它大多由不知名的工匠创造,反映的是集体的文化意识而非个人的艺术想象。本书所说的古代艺术作品,包括但不限于史前至三代的陶、玉、青铜礼器,东周以后的墓葬艺术、佛教及道教的艺术作品等。形式多样的礼仪美术作品、建筑装饰,不但在这些特定的"礼"的场合被使用,并且呈现出特殊的视觉因素,反映了各种礼仪和宗教的内在逻辑和视觉习惯。研究认为,在魏晋之前,"礼仪艺术"甚至可以看作是中国古代美术的主体。"礼仪艺术"与"仪式"和"礼俗"都有关系,它的功能不仅在于创造可供欣赏的艺术作品,更在于服务不同的礼仪场合和空间,包括建筑、器物、雕塑、绘画等,此处以礼器为例进行阐述。

礼器是中国古代礼器艺术的重要表现形式,而中国古代艺术与"礼仪"是相伴而生的。张光直在《古代中国考古学》一书中对比了两个史前文化——仰韶文化和龙山文化,发现在龙山文化中,礼器不仅与祭拜先祖、农业发展有关,也和专门的人群有关。[①] 清代学者龚自珍在《说宗彝》中汇总了先秦时期,特

---

① 张光直.古代中国考古学[M].北京:生活·读书·新知三联书店,2013.

别是"三礼"中对礼器的讨论。根据龚自珍的总结,礼器在不同时间被用于19种礼仪,其中包括祖先祭礼、宴享、纪念、结盟、教育、婚姻等。因此,礼器也可以理解为"藏礼之器",是概念和原则实现于具体形式的一种人造器物,礼仪依靠礼器得到充分展示。同济大学李振强认为,礼仪的实现之路在于对"礼制"观念的贯彻,而"礼制的教学体系有语言知识的言说传授、祭祀仪礼的行为展示、礼乐舞蹈的历史故事教诲,以及礼器制器规则,如形象纹饰、形状、颜色、铭文的规定,包括了礼器制作、使用、保藏的具体要求,由此将礼之观念与礼器的制、赏、用原则相关联"[①]。吴十洲认为礼器就是礼物化的产物,中国古代礼器艺术的重要特征之一就是对具有象征意义材质的使用。[②]

从材质来看,最具有代表性的就是玉器。中国艺术史研究专家巫鸿在研究中指出,在山东泰安大汶口出土的大汶口玉斧,通过高度凝结的工艺与艺术,将其美学价值和社会价值充分融合,象征了它的拥有者所具有的予取予求的能力,从而成为权力的形象化象征。从新石器时代晚期到殷商时期,象牙、玉、青铜都是制作礼器的重要材质。当时的人们已认识到礼器艺术的三个重要方面——器、纹、质。在公元前4000多年的河姆渡遗址中,就发现了玉质的装饰品,但是这些玉质的小物件并没有经过精细雕琢,其所具有的礼仪象征意义并没有新石器时代那么强烈。三代以前,中国礼器艺术中四个重要的视觉元素已经形成,即铭文、装饰、形状、材质,到了二里头文化时,中国已经进入了快速发展的青铜时代。作为重要的制作礼器的材质,青铜开始取代玉器的地位,有广为人知的商王祖庚或祖甲为祭祀母亲(即商王武丁之妻)铸造的司母戊鼎(后改名为商后母戊鼎)。这件礼器于1939年出土于河南省安阳市武官村,现藏于中国国家博物馆。它是已知中国古代最重的青铜器(高133厘米、口长110厘米、口宽79厘米,重832.84千克);它的出现充分说明商代后期的青铜铸造不仅规模宏大,而且组织严密,分工细致,足以代表高度发达的商代青铜文化。

从纹饰和铭文来看,不同的纹饰、铭文有不同的礼仪表征。在商朝的青铜礼器中,能够发现三个完整的重要的视觉元素:特殊的材质、特别的装饰及越发突出的铭文。考古学家于1973年对河姆渡遗址进行发掘,出土了大量的干栏式建筑遗迹,用于农业、渔业、狩猎的工具,以及日常用品陶器。同时,也发

①　李振强.三才一象一礼乐:礼器的形而上学[J].自然辩证法研究,2022,38(4):100-107.

②　吴十洲.两周礼器制度研究[M].北京:商务印书馆,2016.

现了一批刻有动物与几何图形的骨制艺术品和陶器,其中七件装饰了特殊的鸟的图案。这些以鸟为图腾的装饰品,多数是从重要的墓葬和礼仪性遗址中发掘的。巫鸿指出,装饰有鸟图案的贵重礼器应该属于当地族群中具有特殊社会地位和宗教身份的人物,是权势的象征。[①] 商朝晚期时,祖先的头衔和名号被镌刻到铭文中。铭文会详细记录制作礼器的缘由。这从侧面证实了礼器的意义和功能开始发生变化:从早期祭祀神灵到祭奠祖先,礼器成为先祖时代对荣誉和功勋的记载,铭文记录让礼器各具有"阅读性",也更具有纪念意义。汉代以后,上古礼器艺术逐渐式微,取而代之的是汉代画像艺术的兴盛。有研究表明:汉明帝、魏文帝的礼制改革与汉代画像艺术发展有着密切联系。汉画主要是墓葬画像,墓葬之礼是中国古代最重要的礼仪之一,大量的浮雕绘画在坟墓和享堂中被发现。

总之,无论祭拜祖先的仪式在庙堂举行,还是在陵墓举行,无论是玉器、青铜器,还是墓砖汉画,它们代表的都是礼仪文化,只是表现的形式各具时代特色而已,但我们能从它们的发展中总结出中国古代礼器艺术的特征:材质多珍贵稀有、耗费大量时间、技术先进、有精美的图腾装饰和铭文等。这样制作出来的礼器,将艺术品的艺术标准与礼仪的社会价值有机地融合在一起。

第四节 中国传统礼仪的演变过程

一、第一阶段:萌芽初现

知名学者杨志刚在《中国礼仪制度研究》一书中认为,中国古代礼仪的起源最早可以追溯到原始部落文明时期,古代礼仪的发展就是从礼到礼仪活动,再到民俗活动的过程。[②] 在《中国古代礼仪文化》一文中,邓芳认为,礼仪的原形可追溯到原始社会的习俗,早在伏羲氏时代就"立礼教以导文,造干革以饰武……礼乐于是兴矣"[③]。到了尧舜时期,"五礼"已经齐备,所以杜佑在《通典》中说:"尧舜之时,五礼成备。"

无独有偶,考古学家苏秉琦在一系列文章中称红山文化为中华文明、中华

---

① 巫鸿.礼仪中的美术[M].北京:生活·读书·新知三联书店,2016.
② 杨志刚.中国礼仪制度研究[M].上海:华东师范大学出版社,2001.
③ 邓芳.中国古代礼仪文化[J].大众文艺,2015(11):248-249.

古国的"序曲"与"曙光",并且画龙点睛式地指出了红山文化对中华文明起源的特殊意义。在红山文化遗址中先后发现了公元前 4000 年至前 3000 年的"女神庙"、积石冢和玉猪龙,同时发现了举行大规模祭祀活动的场所。遗址中的陶塑孕妇像可能是先民膜拜的生育女神。而且更早时期的仰韶文化彩陶上的人面虫身像,也显示了古代中国存在礼仪制度。

可以说,礼仪的出现伴随着文明的发端,虽然礼仪诞生的准确时间恐怕难有定论,但是学界公认的是,礼仪的萌芽可以追溯到原始社会、部落时代。在中国第一个奴隶制国家夏朝出现之前,礼仪作为仪式或者约定俗成的规定已经开始茁壮成长了。

二、第二阶段:雏形初备

伴随着国家、阶级、私有概念的诞生,礼仪开始为统治阶级所重视,与军队、监狱等国家暴力机器一并成为统治阶级的管理工具。根据记载,夏商周三代已经"郁郁乎文哉"(《论语·八佾》),《礼记》成书之后,达到"经礼三百,曲礼三千",礼仪可以说涵盖范围十分广泛,包括了修身、齐家、治国等方方面面,也涉及政治体制、朝廷法典、祭祀仪式、祈福仪式、婚庆丧事、衣食住行、人际交往等。传说在西周时期,周公以"礼"治天下,"礼"规定着贵族社会生活和国家政治生活的方方面面,并且成为各朝代制定礼仪制度的参考标准。《礼记·表记》中还特别规定了人际交往应"不失足于人,不失色于人,不失口于人",类似的礼仪教育和约定俗成的礼貌标准直到今天依然受到国人认可;《周礼》中的许多经典论述在如今许多场景都能被运用。《中国纪检监察报》曾经刊登过一篇题为《大乐与天地同和,大礼与天地同节》的文章来阐述中华优秀传统文化讲仁爱、重民本、守诚信、崇正义、尚和合、求大同的时代价值。此外,著名的"五礼"也是在西周时期形成的,包括吉礼(祭祖之礼)、凶礼(丧葬之礼)、军礼(行兵仗之礼)、宾礼(迎宾待客之礼)、嘉礼(冠婚之礼)。在古代,人生各阶段的礼仪包括诞辰礼(洗三朝、满月礼、百日礼、周岁礼、命名礼及童蒙礼)、成人礼(男子的冠礼、女子的上头礼)、婚礼(定情、说媒、相亲、吃茶、嫁妆、哭嫁、花轿接亲、传袋、拜堂、揭盖头、交杯、吃喜酒、撒账、闹新房、回门)等。同样,丧葬等也有自己特定的仪式规范。

不难看出,夏商周时期礼仪的发展,不仅使"礼"从实践层面上升到理论层面——开始出现相关著作,而且中国传统礼仪进一步发展完善,为西汉以后各朝各代树立了圭臬,为中华民族成为"礼仪之邦"夯实了基础。

三、第三阶段：形制完备

从春秋战国到秦汉这段时间是礼仪逐步走向完备的关键时期,其形制逐渐完备。春秋战国时期出现了孔子、孟子、荀子等大家,他们从不同角度论述了礼仪对国家、社会、家庭的重要作用,其思想言论也助力了中国传统礼仪文化的发展和更新。孔子说:"君子有九思:视思明,听思聪,色思温,貌思恭,言思忠,事思敬,疑思问,忿思难,见得思义。"(《论语·季氏》)古代礼仪的本质在于敬,即自谦而尊人,唯有敬人,人方能敬己。敬人人敬,家庭、社会、国家方能互敬互让,其乐融融。孟子主张的是"四端",即仁义礼智,有仁爱之心的人才能获得他人的敬爱,讲礼尊人的人才能获得他人的礼敬。"君子所以异于人者,以其存心也。君子以仁存心,以礼存心。仁者爱人,有礼者敬人。爱人者,人恒爱之;敬人者,人恒敬之。"(《孟子·离娄章句下》)荀子是儒家思想在战国的集大成者,他认为礼乐的根本在于营造一种秩序井然、和谐融洽的良好社会氛围。"且乐也者,和之不可变者也;礼也者,理之不可易者也。乐合同,礼别异,礼乐之统,管乎人心矣。穷本极变,乐之情也;著诚去伪,礼之经也。"(《荀子·乐论》)

秦朝是第一个有意识地利用礼来维护统治的正统性、合法性的大一统王朝。秦朝根据邹衍"水德代周而行"的论断,以秦文公出猎获黑龙作为水德兴起的符瑞,进行了一系列符合水德要求的改革,以证明其政权的合法性,遂成为五德终始说的第一个实践者,在全国推行"度同制""书同文""车同轨""行同伦""地同域"。"行同伦"就是端正风俗,建立起统一的伦理道德和行为规范。秦始皇二十八年(公元前219)来到泰山下,令人在泰山的刻石上记下男女之界限,要求百姓男女以礼相待,女治内,男治外,各尽其责。

西汉时期,著名思想家董仲舒(公元前179年—前104年)将封建专制制度理论系统化,提出了"唯天子受命于天,天下受命于天子"的"天人感应"说。他把儒家礼仪具体概括为"三纲五常"。汉武帝采纳董仲舒"罢黜百家,独尊儒术"的建议,使儒家礼教成为定制。"三纲"即"君为臣纲,父为子纲,夫为妻纲","五常"即"仁、义、礼、智、信"。更重要的是,西汉出现了我国最早的礼仪文学作品——《周礼》《仪礼》《礼记》,这些都是儒家经典"十三经"的重要组成部分,也被后世视为"礼经"的专著,简称"三礼"。其中,《周礼》是政治制度层面的规定,记述了300多种职官的职务,描述的是对社会政治制度的设想;《仪礼》记述了生活习俗和社会层面的约定,如冠、婚、丧、祭、饮、射、燕、聘、觐等具体仪式;《礼记》的内容侧重于阐明礼仪的作用和意义。"三礼"记载了周朝许多礼仪风俗,承载的是以礼乐治天下,最终实现尊尊亲亲、各安其命、各司其职、其乐融融的理想的国家和社会治理局面。

四、第四阶段:日益僵化

两汉以后,古代礼仪的发展经历了由极盛走向僵化的过程。唐代在"三礼"的基础上形成"五礼",唐高宗和唐玄宗时期又分别增补和修订形成了《大唐开元礼》,它更加具有系统性和完整性,堪称封建礼制的最高典范,后世都是在此基础上增补而已。统治者对于礼仪的过分强调和尊崇,恰恰是因为完备的礼仪能够最大限度地维护封建统治的正统性,能够把人们束缚在礼仪的各种藩篱之下。到了宋代,礼仪的最大特点之一就是更加紧密地与封建伦理道德捆绑在一起,宋代儒学与礼仪相互依存,一起成为统治者愚民的政治工具,繁文缛节极尽其能。礼仪逐渐走向了刻板和僵化的道路。

礼仪在明清时期完全僵化,宋明理学倡导的"存天理,灭人欲"将封建礼仪的束缚捧到极高的地位,但与此同时,民间反抗封建礼仪的文学艺术作品蓬勃发展起来,如《三国演义》《水浒传》《西游记》和《金瓶梅》等文学名著都体现了民间对于封建礼仪的摒弃、失望和嘲讽。清朝统治者为了笼络汉人知识分子,加强思想禁锢,维护阶级统治,在全盘继承宋明传统的基础上变本加厉地推行封建礼仪,社会风气日渐僵化。新文化运动、五四运动从理论根基上对传统礼仪文化进行了全面反思和批判,痛批那些吃人的礼教,喊出了"打倒孔家店"口号,传统礼仪的涅槃重生才逐步开始。

第五节　批判与继承:传统礼仪文化的
当代价值与实现路径

不忘历史才能开辟未来,善于继承才能不断创新。优秀传统文化是一个国家、一个民族发展的根本,我们要善于把弘扬中华优秀传统文化和发展现实文化有机统一起来,在继承中发展,在发展中继承。应该承认,中国传统礼仪文化是中华优秀传统文化重要的组成部分,《礼记·礼运》曾描述过一个理想的大同社会,在这个大同社会,天下一家,不分彼此。古代中国仁人志士为了实现这样的社会理想不停奋斗,在这个过程中,传统礼仪文化发挥了非常重要的作用。

于丽萍认为,传统礼仪文化是传统社会秩序的支撑,它对社会起到非常重要的规范作用,告诉人们如何处理人与人、人与自然和社会的关系,最终实现人与他人、社会、自然的和谐相处。① 传统礼仪文化体现了一种人生态度,形成了区分文明与野蛮的人性、人伦与人生价值,是社会亲和力的源泉;它弥补了刑罚强权在教化人民方面的不足,维护了社会的人性光辉。此外,传统礼仪文化是一种润物细无声的教化,引领人民走向文明、仁义,用约定俗成的仪式来表达天地人之间的关系,在不知不觉中教化人民,移风易俗。于丽萍还认为,中国传统礼仪文化不仅是传统礼制实现的重要理论支撑,也为传统社会人们处理社会关系提供了规范和原则,更在长期的历史过程中造就了中国人的性格,影响了中国人精神世界的格局。

必须承认,作为中华优秀传统文化的重要组成部分,礼仪文化对今天的中国仍然有重要价值。在《中国传统礼仪文化对当代大学生的影响探析》一文中,权丽竹和权立枝认为,中国传统礼仪文化对当代大学生有积极影响,有助于大学生增加家国情怀,增强集体意识和国家观念,培养和激发大学生的爱国热情;有助于强化大学生的规则意识,培养文明礼貌的新时代高素质公民;有助于升华大学生的审美情趣,引导当代大学生追求心灵美与外在美的统一协调,培养时代新人;有助于建立和谐的人际关系和锤炼大学生的道德品格,将中国优秀传统文化发扬光大。② 黄立霞认为,传统礼仪文化具有一定的现实价值,有助于提升综合国力,有助于建设和谐社会,也有助于提升个人修养,促进个体成长。③ 史雪峰指出传统礼仪文化具有教化引领和治国安邦的作用。④ 谭德礼指出中华优秀传统礼仪文化对提高人们的道德素质,安定社会秩序,促进稳定和谐等方面有重要作用。⑤ 张安强则从个人、家庭、社会和国家四个层面论述了传统礼仪文化的当代价值。⑥

但是传统礼仪文化在几千年的发展过程中难免有不少封建的成分、不少糟粕,我们应该如何继承和发扬?

---

① 于丽萍.中国传统礼仪文化的当代价值及其实现机制研究[D].济南:山东大学,2016.
② 黄立霞.传统礼仪文化的现实价值及其传承路径[J].汉字文化,2017(19):74-75.
③ 黄立霞.文化创新比较研究[J].文化创新比较研究,2021,5(5):17-40
④ 史雪峰.礼仪教育的传统意蕴及其现代价值[J].现代交际(学术版),2017(9):86.
⑤ 谭德礼.培育大学生传统文化素养的思考[J].中国青年社会科学,2017,36(3):101-106.
⑥ 张安强.浅谈中华传统礼仪文化的思想内涵与当代价值[J].文教资料,2018(1):64-65,88.

习近平总书记在谈到中华优秀传统文化时说:"传统文化在其形成和发展过程中,不可避免会受到当时人们的认识水平、时代条件、社会制度的局限性的制约和影响,因而也不可避免会存在陈旧过时或已成为糟粕性的东西。这就要求人们在学习、研究、应用传统文化时坚持古为今用、推陈出新,结合新的实践和时代要求进行正确取舍,而不能一股脑儿都拿到今天来照套照用。要坚持古为今用、以古鉴今,坚持有鉴别的对待、有扬弃的继承","对传统文化中适合于调理社会关系和鼓励人们向上向善的内容,我们要结合时代条件加以继承和发扬,赋予其新的含义"①。

坚持古为今用、以古鉴今,坚持有鉴别的对待、有扬弃的继承。当前,传承与发展中国传统礼仪文化仍然存在着理论不够系统、内容整合缺乏创新、平台搭建不够有力、人人学礼懂礼的社会氛围不够浓厚等多方面问题。② 根据当前的研究现状,要发挥传统礼仪文化的当代价值,应该从以下几个方面发力。

第一,要做好顶层设计,加强新时代礼仪文化的体系化建设。杨磊在《优秀传统礼仪文化的传承与创新的基本路径》一文中指出,要从国家、社会和个人三个层面努力构建体系化的传承和创新路径。国家层面要有顶层设计和政策扶持,强化传统礼仪文化加入国民教育特别是公民教育和学校教育的力度;社会层面要规范传统礼仪文化在新时代的运用和创新,推陈出新,鼓励新时代新风尚,形成良好的社会舆论氛围;个人层面要加强移风易俗,将新时代新礼仪融入个人日常生活的方方面面,与社会主义核心价值观相结合,潜移默化地影响和提升人们的综合素质。③

第二,要做好推陈出新,加强对传统礼仪文化中糟粕的剔除和优秀成分的继承。王晓薇指出,在传统礼仪文化中有一些糟粕的成分,如愚忠愚孝、跪拜、性别歧视、杀牲祭祀等,这些已经完全不符合新时代文明社会的要求,但是尊老爱幼、人人平等、尊重隐私、有礼有节等良好规范又是需要吸收和继承的,所以要下功夫做好传统礼仪文化的扬弃,彻底认真地梳理,让传统礼仪文化在新时代焕发新的光彩,发挥新的作用。④

第三,要做好课程化建设,实现礼仪文化教育与学业教育、学校教育的深

① 习近平在纪念孔子诞辰2565周年国际学术研讨会暨国际儒学联合会第五届会员大会开幕会上的讲话[N].人民日报,2014-09-25(2).
② 阎秀芝.中国传统礼仪文化的传承与发展[J].四川戏剧,2017(2):71-74.
③ 杨磊.优秀传统礼仪文化的传承与创新的基本路径[J].管理观察,2018(13):112-113.
④ 王晓薇.浅谈中华礼仪文化的传承[J].河北省社会主义学院学报,2015(3):72-74.

度融合。不少地区都在开展礼仪文化的课程化建设,特别是很多高校都开设了推广礼仪文化的课程,将仪礼文化与高校思想理论课、第二课堂、选修课程和实践课程紧密结合,以班团、社团、兴趣小组为单位开展礼仪知识竞赛、传统文化节等文化活动,极大地提高了传统礼仪文化在青年人当中的影响力。

陈亚惠在研究中指出,传统礼仪文化需要结合现代的政治、法律、中国特色社会主义文化、道德规范甚至新时代的科技文明因素进行革新,做好融合借鉴工作,让礼仪回到现实生活,在衣食住行等各方面影响人,引领人;要加强新时代礼仪文化的内涵建设,使传统礼仪文化能够符合新时代新要求,能够增强中国特色社会主义道路自信、理论自信、制度自信、文化自信。①

---

① 陈亚惠.传统礼仪文化的传承与创新[J].人民论坛,2017(23):136-137.

第二章　新时代礼仪文化与发展

第一节　新时代礼仪文化的内涵

庄子曾言:"礼义法度者,应时而变者也。"(《庄子·天运》)随着中国式现代化建设的发展、社会物质文明和精神文明的进步,以及人民日益增长的美好生活需要,我国从个人层面到国家层面都更加重视礼仪文化和教育。要开启全民尚礼、学礼、守礼的新篇章,推进全民礼仪教育的新征程,首先要明确新时代礼仪文化的内涵。

新时代礼仪文化的内涵研究还处在起步阶段,根据现有的研究结果,笔者认为我国新时代礼仪文化的内涵可以从国家、社会、个人三个层面来探讨。

一、在国家层面上,新时代礼仪文化是对中华优秀传统文化的传承

邹昌林在《中国礼文化》一书中明言:"中国文化的根源是礼。"文化是民族性与民族魂的结晶。一个民族的自信来源于对民族文化的自信。党的十八大以来,党和国家不断强调"四个自信"(道路自信、理论自信、制度自信、文化自信),其中文化自信是更基础、更广泛、更深厚的自信。党的十九大报告也提到,文化是一个国家、一个民族的灵魂。文化兴则国运兴,文化强则民族强。要坚持为人民服务、为社会主义服务,坚持百花齐放、百家争鸣,坚持创造性转化、创新性发展,不断铸就中华文化新辉煌。因此,新时代礼仪文化的发展绝对离不开对中华优秀传统文化的继承。2017年1月,中共中央办公厅、国务院办公厅印发《关于实施中华优秀传统文化传承发展工程的意见》,提出"中华优秀传统文化蕴含着丰富的道德理念和规范,如天下兴亡、匹夫有责的担当意识,精忠报国、振兴中华的爱国情怀,崇德向善、见贤思齐的社会风尚,孝悌忠信、礼义廉耻的荣辱观念,体现着评判是非曲直的价值标准,潜移默化地影响

着中国人的行为方式"。

《关于实施中华优秀传统文化传承发展工程的意见》还强调,加强国民礼仪教育。加大对国家重要礼仪的普及教育与宣传力度,在国家重大节庆活动中体现仪式感、庄重感、荣誉感,彰显中华传统礼仪文化的时代价值,树立文明古国、礼仪之邦的良好形象。近年来,我国日益重视与礼仪文化密切相关的中国传统文化节日,推出中华节庆礼仪服装服饰计划。不仅因为中国传统文化节日具有传承民族血脉、提升民族精神的价值,更重要的是,中国传统节日是维系国家统一、巩固民族团结、促进各民族文化交流与融合的重要精神纽带。我国是由56个民族组成的统一的多民族国家,各民族都有自己的传统节日,但汉族一些较大的传统节日,许多少数民族也会共同庆祝。例如,满族、朝鲜族、黎族、纳西族、侗族、毛南族、达斡尔族、拉祜族、锡伯族、白族等少数民族,大多与汉族一样,将春节、端午节、中秋节、重阳节列为自己的节日。尤其是春节,如今已差不多成为我国各个民族的共同节日。我国传统文化节日可以强化民族文化记忆、心理认同,实现民族团结、社会和谐、家庭和睦,激发与释放情感,协调人与自然的关系,是任何文化形式都难以替代的。

同时,新时代礼仪教育也体现在国家重大节庆活动中,习近平总书记多次推广和带头参加国家重要的仪式典礼、重要传统节日。

二、在社会层面上,新时代礼仪文化是对社会主义核心价值观的弘扬

孔子曰:"礼也者,理也。"我国社会主义核心价值观为"富强、民主、文明、和谐,自由、平等、公正、法治,爱国、敬业、诚信、友善",体现了国家层面、社会层面、个人层面的价值取向。社会主义核心价值观不仅涉及社会礼仪、服装服饰、文明用语等规范,还包括爱国爱党爱人民,更涵盖了法治中国建设。习近平总书记在中共中央政治局就培育和弘扬社会主义核心价值观、弘扬中华传统美德进行第十三次集体学习时强调,把培育和弘扬社会主义核心价值观作为凝魂聚气、强基固本的基础工程,继承和发扬中华优秀传统文化和传统美德,广泛开展社会主义核心价值观宣传教育,积极引导人们讲道德、尊道德、守道德,追求高尚的道德理想,不断夯实中国特色社会主义的思想道德基础。同时,要建立和规范一些礼仪制度,组织开展形式多样的纪念庆典活动,传播主流价值观,增强人们的认同感和归属感。要把社会主义核心价值观的要求融入各种精神文明创建活动之中,吸引群众广泛参与,推动人们在为家庭谋幸

福、为他人送温暖、为社会作贡献的过程中提高精神境界、培育文明风尚。要利用各种时机和场合,形成有利于培育和弘扬社会主义核心价值观的生活情景和社会氛围,使核心价值观的影响像空气一样无所不在、无时不有。① 这是对新时代礼仪内涵和地位的肯定。

为什么说新时代礼仪文化也涵盖了法治中国建设?这是因为我国法治建设离不开中国传统礼仪文化,所以谈新时代礼仪文化必然绕不开法治建设。2020年11月16日至17日,中央全面依法治国工作会议在北京召开,习近平总书记发表了重要讲话。在谈到中华法系时,习近平总书记提出"出礼入刑、隆礼重法的治国策略,民惟邦本、本固邦宁的民本理念,天下无讼、以和为贵的价值追求,德主刑辅、明德慎罚的慎刑思想,援法断罪、罚当其罪的平等观念,保护鳏寡孤独、老幼妇残的恤刑原则,等等,都彰显了中华优秀传统法律文化的智慧"②。"出礼入刑"出自《汉书·陈宠传》,相关表述为"礼之所去,刑之所取,出礼则入刑,相为表里",说的是一旦一个人的行为超出了"礼"的规范,他就会落入受到刑罚的范围,"礼"和"刑"互为表里。

三、在个人层面上,新时代礼仪文化是对礼仪素养、道德修养的培养,以及对礼仪程式的实践

对个人而言,新时代礼仪文化最重要的是立足新时代的现实背景和发展方向对人开展礼仪教育。新时代礼仪教育的使命在于"立德树人、构建和谐社会、推动人类文明"。著名教育家陶行知先生在明代思想家王守仁"知行合一"的哲学理论基础上,提出了"行知论"③。开展新时代礼仪教育也需要运用好"行知论":一方面,新时代礼仪教育需要受众的内在认同。即通过对新时代礼仪文化思想和内容的阐述,让受众接受精神熏陶,在思想和心理上认同新时代礼仪文化体现的价值观,同时受众可以参照礼仪文化中的"仁义礼智""尊贤礼士""敬让中和"等价值准则、行为规范进行自我完善和提升。另一方面,新时代礼仪教育需要受众的外在实践。即通过良好的礼仪道德、行为举止、形象外

① 习近平.把培育和弘扬社会主义核心价值观作为凝魂聚气强基固本的基础工程[N].人民日报,2014-02-26(1).

② 习近平.坚定不移走中国特色社会主义法治道路 为全面建设社会主义现代化国家提供有力法治保障[J].求是,2021(5):4-15.

③ 汤媛,季卫兵.新时代青年礼仪教育的基本特征、核心意蕴与实践路径[J].教育评论,2022(12):98-103.

貌等,展现其内在的礼仪素养、道德修养。新时代礼仪文化的价值的外在体现,就是受众在生活、社交、职场等对其不断进行创造性实践。

此外,也有学者从新时代礼仪教育的内容层面进行研究,如新时代礼仪教育分为家庭礼仪、职业礼仪、公共礼仪、外事礼仪等。近几年备受关注的家庭礼仪,就是家教家风的重要组成部分。家庭是每个人最初及最早接触的学校,很多习惯便是在家庭环境中养成的。家庭对树立个人人生观、价值观、世界观具有重要意义。我国从古至今就注重家教家风建设,《孔子家语》《朱子家训》及《曾国藩家训》都记录了家族崇尚的勤奋、俭朴、求学、务实等家训家风。家族在中国的乡土社会里属于事业社群,凡是做事业的社群,必须维持纪律,纪律排斥了私情。2016年,习近平总书记会见第一届全国文明家庭代表时提出,"尊老爱幼、妻贤夫安,母慈子孝、兄友弟恭,耕读传家、勤俭持家,知书达理、遵纪守法,家和万事兴等中华民族传统家庭美德,铭记在中国人的心灵中,融入中国人的血脉中,是支撑中华民族生生不息、薪火相传的重要精神力量,是家庭文明建设的宝贵精神财富"①。

第二节　新时代礼仪的应用

中国被誉为"礼仪之邦",以文化人、以礼育人乃中华民族一大特色。中国近现代历史学家钱穆先生曾说:"礼是整个中国人世界里的一切习俗行为的准则,标志着中国的特殊性。"近代以前,中国传统礼仪文化就包含了修身之本、交友之道、为政之术及治国之本。到了大力弘扬社会主义核心价值观的新时代,礼仪不仅体现了一个人的思想道德品行、文化修养内涵、待人交际能力,也是国家和社会的整体精神风貌、道德水平、文明程度、文化素养和公民素质的重要指标。我们要从传统礼仪文化中取其精华、去其糟粕,不断创新,赋予新时代礼仪文化新内涵和新形式,让国人重视礼仪文化,愿意学习和尊崇礼仪文化。只有每个人做到知书达理、讲文明讲礼貌,整个社会、整个民族、整个国家的道德文明水平才会提升。

礼仪在当今已经成为一门人文应用学科。为此,本书从学科的角度来谈新时代礼仪文化的应用。作为一门学科,礼仪具有极强的应用性、实践性、

---

① 习近平.在会见第一届全国文明家庭代表时的讲话[N].人民日报,2016-12-16(2).

普及性和综合性。如表 2-1 所示,综合性体现为其发展过程中与多门学科相融合,吸取各种学科的优势和成果。

表 2-1 礼仪与其他学科的融合贯通

交叉学科	学科研究内容	交叉研究内容
民俗学	民间的文化民俗现象	"礼出于俗,俗化为礼。"交叉研究内容为"礼俗",用民俗来解释礼仪,通过礼仪来了解民俗
社会学	社会生活和社会行为	交叉研究内容为"交际活动",交际活动是社会学和交往礼仪都重点关注的内容
心理学	人的心理活动及其一般规律	交叉研究内容为"洞悉人心、尊重人格",人是心理学和礼仪的共同研究对象,心理学也是礼仪活动的基础
传播学	信息传播的规律	交叉研究内容为"人际传播",交际即信息传播,传播制约着交际,传播力决定影响力,交际与传播密不可分
美学	美的规律	交叉研究内容为"社会美",美学研究的社会美,往往体现在人际交往活动中,而注重礼仪的人际交往活动往往更具社会美
伦理学	道德问题	交叉研究内容为"伦德学成果的具体应用",在人际交往中,讲道德就必须讲礼仪,讲礼仪会促进道德发展
考古学	古代人类各种活动遗留下来的物质资料	交叉研究内容为"记载礼仪的遗迹和遗物",通过古物研究古代礼仪的发展过程
公共关系学	公众关系	交叉研究内容为"组织形象和个人形象的关系",礼仪是维护公共关系的重要技术手段,有利于组织形象管理

礼仪与民俗学、社会学、心理学、美学等学科交叉后,可以按照应用分为政务礼仪、商务礼仪、服务礼仪、社交礼仪、涉外礼仪等。

一、政务礼仪

政务礼仪,又称公务员礼仪,是指党和国家各级机关(包括群众组织)工作人员在工作场合所应遵守的行为准则和人际交往规范。习近平总书记在《之江新语》中提到的"修其心治其身,而后可以为政于天下"①引用的就是《礼记·大学》关于"修齐治平"的言论。

杨晓刚在《政务礼仪:党政干部必备的素养》中写到,政务礼仪属于社交礼仪,有其特定的适用范围。政务礼仪适用于机关工作人员和机关公务活动,并且由于鲜明的强制性,机关工作人员在执行公务时必须严格遵守政务礼仪。杨晓刚还写到,政务礼仪的核心是要求干部真正自觉地恪守职责、勤于政务、清正廉洁、忠于国家、忠于人民,严格要求自己,在公务活动中规范自己的行为,由此可以提高整个国家行政的效率、维护国家行政形象和个人形象。他还认为,遵守行为规范,履行职责和公务,遵守政务礼仪,是每一位党政干部义不容辞的责任。② 在《浅谈党政干部的政务礼仪修养》一文中,王芳讨论了政务礼仪的内涵和意义,认为学礼、用礼、知礼是党政干部必备的素养之一,政务礼仪未来会在机关工作中发挥越来越重要的作用。③ 柏洁在《新常态下政务礼仪修养探究》中分析了政务礼仪的深层含义及其特点,并提出了政务礼仪在日常生活中的运用方式,认为领导干部在工作中要充分发挥自身优势,从身边小事做起,严于律己,不断提高自身政务礼仪素质,以便在工作中更好地展示和维护国家机关的良好形象。④ 总的来说,政务礼仪是为了规范公务员的行为,让国家机关更好地为人们服务,从而在维护政府及国家形象的同时向世界展示中华民族的礼仪文化。

二、商务礼仪

商务礼仪指的是在商务活动中体现相互尊重的行为准则,是不可或缺的,它不仅展现了个人的道德素质,还体现了企业的外在形象。在商务活动中,为了体现相互尊重,需要通过一些行为准则去约束人们在商务活动中的行为,由此产生了商务礼仪。黄志环在《论商务礼仪对个人未来职业发展的作用》中着

① 习近平.之江新语[M].杭州:浙江人民出版社,2007.
② 杨晓刚.政务礼仪:党政干部必备的素养[J].中共云南省委党校学报,2006(4):84-85.
③ 王芳.浅谈党政干部的政务礼仪修养[J].黑龙江史志,2012(13):72-73.
④ 柏洁.新常态下政务礼仪修养探究[J].公关世界,2022(18):10-11.

重探讨了商务礼仪对个人的影响。黄志环先对商务礼仪及其特征进行了概述,分析了它在商务活动中的重要性,并进一步延伸论述了商务礼仪对个人未来职业发展的作用。[①] 漆悦则在《商务礼仪在现代商业竞争中的影响和应用》中论述了商务礼仪对于企业及现代商业竞争的作用。漆悦认为商务礼仪不仅可以塑造良好的企业形象,还可以妥善处理商务活动中各方的关系,建立良好的合作关系,在提高企业的经济效益和社会效益的同时促进企业的可持续发展。[②] 姜艳艳在《国际经济贸易发展中商务礼仪的作用》中解释了商务礼仪在国际经济贸易发展中的作用,认为在经济全球化时代,合理地运用商务礼仪可以让人们之间的往来更加顺利,在有效避免人际交往冲突的同时营造一个轻松愉悦的贸易氛围,为企业的交流合作打下坚实的基础。[③] 陈瑜在《商务礼仪在国际商务活动中的应用方法探析》中也表达了类似的观点,认为商务礼仪在国际商务活动中主要表现为遵守承诺、尊重个人隐私和国家风俗等,只有学习了解不同国家的风俗习惯,才能保证商务活动的顺利进行,从而促进商务活动的顺利开展。[④] 通过商务礼仪的运用,我们不仅可以提高个人素质,塑造良好形象,建立良好的人际关系,还可以提升企业的良好形象,给企业带来更多的好处。[⑤]

三、服务礼仪

服务礼仪指的是服务人员在服务对象时所具备的礼仪素质,具体包含服务人员的仪容规范、仪态规范、服装规范、言语规范和岗位规范等。由于服务礼仪的行业适用性,学者多基于不同行业来研究服务礼仪。贾丽萍主要研究了酒店服务礼仪中的仪态问题,文明、自然、美观和敬人是服务仪态礼仪的四个标准,仪态训练是对学生进行素质教育,提升学生综合能力和塑造优美身体形态的一门基础课程。董雪娇、吴宝宏[⑥]发表的《酒店服务礼仪对客户满意度的影响分析》一文提出,服务礼仪是影响顾客满意度的重要一环,礼貌服务是酒店提高满意度的重要抓手,而服务礼仪可以从仪容、仪态、服饰、服务用语等

① 黄志环.论商务礼仪对个人未来职业发展的作用[J].黑龙江人力资源和社会保障,2021(17):117-119.
② 漆悦.商务礼仪在现代商业竞争中的影响和应用[J].中国市场,2020(14):109,111.
③ 姜艳艳.国际经济贸易发展中商务礼仪的作用[J].营销界,2021(38):26-27.
④ 陈瑜.商务礼仪在国际商务活动中的应用方法探析[J].中国市场,2019(3):101-102.
⑤ 吴蕾.商务礼仪在市场营销中的作用分析[J].纳税,2018,12(31):224.
⑥ 董雪娇,吴宝宏.酒店服务礼仪对客户满意度的影响分析[J].科技资讯,2021(30):158-160.

方面来规范学习。吕虹主要谈论金融从业人员的服务礼仪,良好的服务礼仪有利于给予他人优质的第一印象,首轮效应告诉我们第一印象极为重要。向以群主要从旅游服务业分析服务礼仪的重要性,提出服务礼仪主要表现为一种亲切感和适度的热情,尊重旅客地区文化差异的同时丰富旅客的文化体验感。

服务礼仪如何规范、如何升级是当代学者研究的重点。范丽娟等从礼仪课程角度提出"礼步五修"教学模式,通过"知书—明辨—修为—拓展—嘉许"五步循环训练,内外兼修,注重服务时的仪容仪表,同时内在修炼敬业敬人的爱岗之心。徐菲菲提出服务礼仪需要注重个性化,可以考虑将科学技术加入服务,分析客户需求,有针对性地提供服务。李晶、李小红在《公共文化服务形象全新塑造:渭南礼仪规范的建设探索》中指出要挖掘传统礼仪文化的内核,形成地区特色服务礼仪规范,大力培育服务礼仪的集体意识,传承中华优秀礼仪文化,创造性开拓礼仪内核,推动现代公共文化服务高质量发展。[①]

四、社交礼仪

社交礼仪是人们在公共生活和相互交往中约定俗成、普遍遵循的基本行为规范,涉及个人和人际交往中仪表仪容、言谈举止、待人接物等方面的具体规则和惯用形式。[②] 至今为止,大部分文献都阐述了社交礼仪的良好影响,即有效性,拥有良好的社交礼仪,不仅能提升个人的形象和素质,而且个人更易获得他人和社会的尊重与认可。"礼"主敬,在社交礼仪中代表要"敬人"。金正昆教授主张要对人表达尊重和友善,因此要掌握规范的沟通技巧。在《人际交往中的 3A 法则》中,金正昆提出要坚持 3A,即接受(accept)、欣赏(appreciate)、赞美(admire)。不仅要接受交往对象,接受交往对象的风俗习惯,接受对方的交际礼仪;还要重视对方,以欣赏的态度去肯定对方。[③] 陆晨曦等利用扎根理论研究现代社交礼仪的有效性,发现不同群体的社交需求和社交成本不一样。掌握社交礼仪,在一定程度上可以缓解社交焦虑等问题,让大家在与人交往时有章可依、轻松自在。随着移动互联网时代社交的深度发展,不少学者关注到网络社交礼仪,常见的有"微信礼仪""QQ 礼仪""短信礼

---

① 李晶.公共文化服务形象全新塑造:渭南礼仪规范的建设探索[J].图书馆论坛,2022(9):15-21.

② 陆晨曦,谭清美,黄雨辰.基于扎根理论的现代社交礼仪的有效性研究[J].武汉纺织大学学报,2018,31(4):68-74.

③ 金正昆.人际交往中的3A法则[J].学习月刊,2008(7):50-52.

仪"等。① 微信中的"拍一拍"功能同各种网络新事物一样广泛流动传播于年轻群体中,这是对年轻群体与长辈之间传统代际秩序的颠覆,年轻群体需要通过文化反哺的方式向长辈传递这一新功能,从而弥合两代人间的数字鸿沟。

五、涉外礼仪（外交礼仪）

涉外礼仪是国人对外交际、表示友好尊敬的做法,涉外礼仪既体现个人素养,更体现国家文化。随着对外开放不断加速,涉外礼仪的重要性不言而喻。宋长美发表了文章《论国际交往中的"不卑不亢"》,提出"不卑不亢"是新中国外交的主要特征,更是我国现代国际交往礼节的核心。② 而刘晓莺早在2007年发表的《公务员在涉外活动应恪守的基本礼仪》一文中,就从维护形象、不卑不亢、求同存异、入乡随俗、信守约定、热情有度、尊重隐私、女士优先、爱护环境和排序有规等十方面高度总结了国家公务员在对外活动中的礼仪规范,为现代涉外礼仪发展打下了理论基础。③ 涉外礼仪尤其要注意文化差异,赵泽宏等就中俄商贸活动中的社交礼仪进行了分析,提出学习国际社会通行的社交礼仪有助于对外商贸活动的开展。

涉外礼仪的发展过程从一个侧面来说就是一部外交发展史。党的十八大以来,以习近平同志为核心的党中央基于自身外交实践和探索,开拓进取,不断创新,形成了具有中国特色的大国外交。话语是涉外礼仪的重要组成部分,胡开宝在《中国特色大国外交话语的构建研究:内涵与意义》中提取了中国特色大国外交话语的语体特征,并指出"讲故事""不含糊""亲民化"和"巧引典"等话语策略是新时代中国外交话语的重要部分。④ 左凤荣从历史发展角度凝练中国特色大国外交的创新,"和平、发展、合作、共赢"的时代潮流将国人与世界人民联系起来,大国外交礼仪尽显平等与尊重。樊剑发表的《多边外交礼仪面面观》从大型多边国际会议和世界级博览会、运动会来分析涉外礼仪,他总结出相对从简、礼遇总体平等、礼宾次序凸显东道主、接待工作从主导变成协助这四点规律。⑤ 对比之前特色外交策略,可以看到平等与尊重始终是现代

---

① 彭佳妮,冯广圣."拟在场":网络社交礼仪功能辨析——以微信"拍一拍"为例[J].东南传播,2021,199(3):130-132.

② 宋长美.论国际交往中的"不卑不亢"[J].外交评论(外交学院学报),1992(4):43-47.

③ 刘晓莺.公务员在涉外活动中应恪守的基本礼仪[J].理论探索,2007(3):132-134.

④ 胡开宝.中国特色大国外交话语的构建研究:内涵与意义[J].山东外语教学,2019(4):10-20.

⑤ 樊剑.多边外交礼仪面面观[J].世界知识,2020(5):19-20.

涉外礼仪的要点。

六、其他应用

（一）形象礼仪

所谓形象，一般是指他人对某人、某地、某物的总体印象与评价。金正昆在《传播学视角下的中国当代礼仪教育研究》中写道："在现代社会中，形象是金；每个人都是其家庭、单位、城市乃至民族与国家的窗口。唯有自尊自爱、遵守规则、心态阳光的人，才有良好的形象可言。当代中国礼仪教育的目的之一，就是要推动国人内强个人素质、外塑良好形象。"[①]目前国内关于形象礼仪的研究主要集中在职业形象、个人形象、大学生求职培训等方面。

吕虹也曾在文章中表示，职业形象是一个系统概念，包括思想、行为、仪表等一系列形象要素，规范服务礼仪主要是为了给人一种简洁大方的形象，以符合现代金融业高效专业的特点。郑建琼则指出："领导干部的形象如何，不仅体现个人素质，更多的是影响党和政府在群众中的形象，并广泛地影响着社会风气。"[②]杨秋涔认为，当今大学生的职场礼仪教育已经成为影响大学生就业的重要因素。[③] 形象管理顾问李昀从形象传播和形象营销的角度推出 4D 形象学——"穿"服饰管理、"动"肢体仪态、"做"礼仪规范、"说"沟通技巧。李昀主张"赢在形象力"，即形象具有创造性价值，形象礼仪可以让人更加自信，同时助力职业发展。

（二）青年礼仪

近几年青年礼仪教育也备受关注，包括大学生求职礼仪、大学生志愿服务礼仪、大学生竞赛礼仪、大学生课堂礼仪等。金正昆先生总结了十条新时代青年礼仪的基本原则，包括：（1）敬人的原则。广大青年在人际交往中，要与交往对象互相尊敬、互相谦让、真诚友善相待。因为待人之道可谓青年礼仪的重点内容，要把对交往对象的重视、恭敬、友善放在第一位。不失敬人之意，也不会轻易失礼。（2）自律的原则。青年对待自己和对待他人的做法是青年礼仪的具体规范。青年要尊重他人，对自己更是要严于律己，懂得自我要求、自我约束、自我控制、自我对照、自我反省等，克己复礼。（3）互动的原则。在与人交

---

① 金正昆.传播学视角下的中国当代礼仪教育研究[J].中国人民大学教育学刊,2017(2):159-169.

② 郑建琼.浅议领导干部公众形象的塑造[J].中共云南省委党校学报,2013,14(5):175-177.

③ 杨秋涔.行业需求环境下的大学生职场形象礼仪培训[J].现代职业教育,2017(19):148.

往时,懂得换位思考是青年交往的成功秘诀。青年要在交往中学会换位思考、体恤对方,让对方处在舒适不尴尬的氛围中。避免"以自我为中心"的交往原则。(4)沟通的原则。懂得沟通互动是青年礼仪的基本要求,良好的沟通意味着成功了一半。青年不仅要做到了解、理解交往对象,也要让交往对象理解和感受到我们对其的尊重和敬意,这些都必须通过良好的沟通实现。(5)宽容的原则。这条原则对应的是第二条自律的原则。青年在与人交往时,保持自律的同时要注意不要将自己的标准强加在交往对象身上。要学会宽以待人、虚怀若谷。要允许对方有自己的想法和独立行为,要学会"求同存异"。(6)平等的原则。在面对不同的交往对象时,青年可以采取不同的交往方式和礼仪方法,但是要做到一视同仁、以礼相待。切忌由于交往双方的年龄、背景、社会地位、经济情况及种族文化等因素,对交往对象有亲疏之分、区别对待。(7)从俗的原则。不同种族、不同国情、不同文化都会使得青年与交往对象存在理解和行为上的差异。青年要学会"入乡随俗",尊重对方的风俗习惯,不可以对他人的风俗习惯指手画脚。(8)真诚的原则。真诚的交往原则适用于所有青年,真诚能让交往对象感受到我们的真心和敬意。在交往的时候,青年可以运用礼仪方法,但是不可以将礼仪方法作为自己的道具或伪装手段,杜绝通过投机取巧、口是心非的方式来达到自己的目的。(9)适度的原则。在掌握交往的礼仪方法后,要学会适度使用它,把握好分寸和尺度,真正做到学以致用、融会贯通。(10)遵守的原则。在青年礼仪中,要时刻谨记遵守青年礼仪交往原则,规范自己的言行举止、形象表情。青年有自觉推广和应用青年礼仪的责任和使命,让更多青年关注到礼仪的重要性。

第三节　新时代礼仪文化的发展

随着社会的发展,礼仪文化也在不断地变革和发展。在新时代,推进礼仪文化的发展,具有重要的意义。新时代礼仪文化越来越注重礼仪教育、民族文化传承、礼仪规范的制定和实践、礼仪教育者的发展。

一、注重礼仪教育

礼仪文化是中华优秀传统文化的重要组成部分,是中华民族几千年文明史上的瑰宝。新时代的礼仪教育,不仅是传承和弘扬中华优秀传统文化的需要,更是适应社会发展和人民需求的需要。因此,推进礼仪教育,是新时代礼仪文化发展的一个重要方向。礼仪教育可以从幼儿园开始,贯穿整个教育过程。通过礼仪教育,可以培养人们的礼仪素养,提高社会文明程度。

（一）礼仪教育的内容

礼仪教育包括礼仪知识、礼仪意识、礼仪行为、礼仪心态等方面。礼仪知识是指人们在日常生活和社交场合中应该了解和掌握的礼仪规范和知识;礼仪意识是指人们在日常生活和社交场合中应该具备的尊重他人、注重仪表、注重礼仪的意识;礼仪行为是指人们在日常生活和社交场合中应该遵循的礼仪规范和行为方式;礼仪心态是指人们在日常生活和社交场合中应该具备的心理素质和态度,包括谦虚、尊重、包容、自信的心态。

礼仪教育的意义在于,它不仅可以提高人们的文明素质和社交能力,更可以促进社会和谐与稳定。在现代社会,礼仪教育的重要性愈发凸显。随着社会的发展,礼仪教育已经成为人们生活中不可或缺的一部分。只有通过礼仪教育,才能让人们更好地融入社会,更好地与他人相处。

（二）礼仪教育的核心

礼仪教育的核心在于,它要求人们在日常生活和社交场合中,遵循礼仪规范,尊重他人,注重仪表,注重礼仪。礼仪教育的关键点在于,它要求人们在日常生活和社交场合中,具备一定的礼仪知识和技巧,同时也要具备一定的礼仪心态和态度。

目前学者对新时代礼仪教育的研究主要集中在礼仪教育的内容、形式、方法等方面。研究表明,新时代礼仪教育应该注重培养学生的礼仪意识和礼仪行为,同时也要注重培养学生的礼仪心态和礼仪技巧。在礼仪教育的形式和方法方面,学者提出了多种不同的观点和建议,如注重实践、注重体验、注重情感、注重互动等。这些研究成果为新时代礼仪教育的发展提供了宝贵的参考和借鉴。

（三）礼仪教育的关键点

从小学开始,将礼仪教育纳入学校教育体系。通过课堂教育、校园文化活动、社会实践等方式,提高学生的礼仪素养。

加强家庭教育,让家长成为学生礼仪教育的主要承担者。在家庭中,可以通过亲子活动、家庭教育课程等方式,培养学生的礼仪意识和素养。

通过社会组织、媒体等渠道,开展礼仪教育宣传和培训活动。通过社会教育,可以让更多的人了解礼仪文化的重要性,提高社会文明程度。

（四）礼仪教育的突破创新点

礼仪教育的互动性。在教学过程中,可以通过互动,让学生更好地理解和掌握礼仪规范。例如,可以通过举办角色扮演、游戏等方式,让学生在实践中学习礼仪。

礼仪教育的多样性。在教学过程中,可以通过多种形式,让学生从不同角度了解礼仪文化。例如,可以通过举办文化节、主题讲座等方式,让学生感受到礼仪文化的魅力。

礼仪教育的实践性。在教学过程中,要注重实践环节的设置,让学生在实践中掌握礼仪技巧。例如,可以通过校园文化活动、社会实践等方式,让学生在实践中学习礼仪。

二、注重民族文化的传承

民族文化的传承对于推进礼仪文化的发展至关重要。因此,新时代需要注重传承和弘扬中华优秀传统文化,同时也需要探索适应现代社会的新型礼仪。只有在传承和创新的基础上,才能够推动民族文化的发展。

新时代礼仪文化对民族文化的传承主要包括三个方面:一是传承中华优秀传统文化的精神内核,如尊重他人、注重仪表、注重礼仪等;二是传承中华优秀传统文化的礼仪规范和行为方式,如敬老尊师、友善相处、互助互爱等;三是传承中华优秀传统文化的文化传承方式,如口传心授、身教言传、文化遗产保护等。

实现新时代民族文化的传承需要走出一条符合时代特点和发展需求的实现路径。首先,要注重礼仪文化的教育传承,通过教育引导青少年树立正确的礼仪观念。其次,要注重对礼仪文化的实践传承,通过实践活动加深对礼仪文化的理解和认识。最后,要注重对礼仪文化的保护传承,通过文化遗产保护等措施将礼仪文化传承下去。

当然,礼仪文化对民族文化的传承是一个涉及多方面的过程,需要政府、学者、社会组织和个人的共同努力。

（1）礼仪学者对礼仪文化的发展做出了重要贡献。目前,国内外学者对新时代礼仪文化如何传承民族文化的研究已经取得了一定的进展。在国内,学者通过对礼仪文化的历史渊源、内涵和意义进行深入研究,提出了一系列关于礼仪文化传承的理论和实践措施。金正昆和李昀通过对校园礼仪、政务礼仪、形象礼仪等方面的研究,提出了一系列关于礼仪文化发展的理论和实践经验。

这些学者的研究成果为当代礼仪文化的发展提供了指导和支持。在国外,学者通过比较研究不同文化背景下的礼仪文化,探讨了礼仪文化的普遍性和特殊性,为礼仪文化传承提供了新的思路和方法。

(2)时代要求下,民族礼仪的普及和传承也成了一个重要议题。政策文件的精神和要求,以及社会发展变化,都对民族礼仪的传承和发展产生了影响。在这个过程中,需要加强对传统礼仪的挖掘和研究,同时也需要探索适应现代社会的新型礼仪。只有在传承和创新的基础上,才能够推动民族礼仪的发展。

(3)在社会大众的物质文明得到满足的情况下,个人素质对礼仪的发展也具有重要作用。个人素质的提高可以促进社会文明程度的提升,同时也能够让人们更好地理解和遵守礼仪规范。在这个过程中,需要注重教育和培训,提高人们的礼仪素质和意识。传承和弘扬中华优秀传统文化是中华民族伟大复兴的必由之路。礼仪文化作为中华优秀传统文化的重要组成部分,对于推动中华优秀传统文化的传承和发展具有重要的意义。

三、注重礼仪规范的制定和实践

礼仪规范是推进礼仪文化发展的重要基础。新时代需要注重礼仪规范的制定和实践。通过建立和完善礼仪规范,可以提高社会文明程度,规范社会行为,促进社会和谐。作为社会生活中的一种行为准则,礼仪规范规定了人们在日常生活和社交场合中的行为方式和礼仪标准,是社会文明的重要标志和表现形式。

为了更好地实践礼仪规范,需要从多个方面进行创新。一方面,要注重宣传教育,通过各种媒体和渠道向社会传递礼仪规范的重要性和实践意义,提高人们的礼仪意识和行为水平;另一方面,要注重"互联网+",通过互联网技术和平台,推动礼仪规范的普及和实践,如在社交平台上推广礼仪规范,开展在线礼仪教育等。

显然,"互联网+"为新时代礼仪规范的制定和实践提供了创新点。互联网技术和平台可以为礼仪规范的普及和实践提供更广泛的传播渠道和更便捷的实践方式。例如,可以通过社交平台、移动应用等方式推广礼仪规范,让更多的人了解和掌握礼仪规范;可以通过在线视频、直播等方式进行礼仪教育,提高人们的礼仪意识和行为水平;可以通过互联网技术实现对礼仪规范的监督和反馈,优化礼仪规范的实践效果。

总之,新时代礼仪规范的制定和实践是促进社会文明进步和人们精神文化生活提升的重要途径。通过创新和"互联网＋"等方式，可以更好地推动礼仪规范的普及和实践，让礼仪规范成为人们日常自觉遵循的准则和社会文明的重要标志。

四、礼仪教育者的发展

新时代礼仪文化是弘扬社会主义核心价值观，提升中华民族整体素质的一项可持续的系统工程，需要更多的教育者关注并致力于此领域的发展。

新时代礼仪教育者是推动礼仪教育发展和实现礼仪文化传承的重要力量。礼仪教育者需要具备一定的专业素养和职业道德，同时也需要掌握一定的业务提升路径。

（一）礼仪教育者的工作要求

礼仪教育者的工作要求包括：一是具备良好的礼仪意识和行为方式，能够在日常生活和社交场合中做出合适的礼仪行为；二是具备一定的教育背景和专业知识，能够进行礼仪知识和技巧的传授与教育；三是具备一定的职业道德和职业操守，能够为学生和社会提供优质的礼仪教育服务。

（二）礼仪教育者的工作内容

礼仪教育者的工作内容包括：一是进行礼仪知识和技巧的传授与教育，如礼仪规范、社交礼仪、职场礼仪等；二是组织和开展礼仪实践活动，如模拟社交场合、礼仪比赛等；三是开展礼仪教育研究和创新，如制定新的礼仪规范、开展礼仪教育课程改革等。

（三）礼仪教育者的业务提升路径

礼仪教育者的业务提升路径包括：一是不断学习和积累礼仪教育方面的专业知识和技能；二是参加相关培训和考试，获得相关的资格证书和职业认证；三是积极参与礼仪教育研究和创新，提高自身的创新能力和竞争力。金正昆指出，要想成为一名优秀的礼仪教育者，下述四种基础性知识的充实特别重要：一是国学，它是中华文化之根；二是心理学，具备一定的心理学知识，有助于融洽礼仪教育者与受教育者双方的关系；三是社会学，没有基本的社会学知识，教授礼仪往往属于纸上谈兵或无的放矢；四是传播学，掌握必要的传播学知识，有助于礼仪教育者更加行之有效地教授礼仪、传播礼仪、推广礼仪。

（四）礼仪教育者实际工作的开展

在学校教师实际授课中，传播礼仪文化可以从以下几个方面入手：一是注重礼仪教育的渗透性，将礼仪教育融入各个学科和课程中，如在语文课中讲解礼仪文化、在历史课中介绍古代礼仪等;二是注重礼仪教育的实践性,通过组织实践活动和模拟场景,让学生亲身体验和感受礼仪文化的魅力;三是注重礼仪教育的创新性,通过引入新的教学手段和方法,如"互联网＋"、游戏化教学等,激发学生的学习兴趣和提高学生的参与度。

近几年我国主办了不少国际赛事,包括北京奥运会、北京冬奥会等。结合奥运会、亚运会等赛事开展礼仪教育是一个非常好的途径,教育者可以让学生在观赛的同时,了解和体验各种国际礼仪和体育文化的差异,拓宽国际视野。例如,可以通过讲解比赛规则和礼仪要求,让学生了解和掌握比赛礼仪的基本要求和行为方式;通过模拟场景和实践活动,让学生亲身体验和感受比赛礼仪和国际礼仪的魅力;通过讲解历史和文化背景,让学生了解和认识各国的文化和礼仪差异。总而言之,结合奥运会、亚运会等赛事开展礼仪教育,可以提高学生的文化素养和跨文化交际能力。这是一个非常好的途径,值得教师在教育实践中不断探索和创新。

第三章　新时代高校青年的礼仪与形象

第一节　高校青年礼仪与形象管理概述

一、高校青年礼仪与形象管理的内涵

（一）高校青年礼仪的内涵

正如第一章描述的那样，中国传统文化中的"礼仪"，其实是由两个不同的概念组成的。礼者，敬而已矣，是内在的敬人之心；仪是礼的外在表现形式，是恰到好处地向其他人表示尊重的具体形式。结合起来看，礼仪，是人们在长期的社会生活中，以一定的约定俗成的方式来表现律己敬人的过程。

正如金正昆在《校园礼仪》一书中指出的，礼仪通常指人在各种各样的人际交往中必须遵守的行为规范。也就是说，礼仪是人际交往中，所应采取的标准化、正规化做法，不同行业和不同身份的人会遵循不同的规范。那么，这里所说的高校青年礼仪，就是指高校青年在校园学习生活、为人处世、求职就业等过程中所应当遵守的行为规范。

同时，根据第一章礼仪的内涵，高校青年的礼仪规范同时包含了国家、社会和个人三个层面的要求和内容。它包含了新时代背景下，国家和社会对高校青年行为规范的要求，也包含了高校青年个人发展所需要遵循的修养素质要求。

（二）高校青年形象的内涵

所谓形象，从字面意思来看，是指人和事物的外部特征，进而指能引起人的思想或情感活动的具体形状和姿态。就形象的内容和内涵来看，多年来学者基本上达成共识，中国先哲认为，形象是特定事物的本质内涵的外化形式，既是内与外的辩证统一，又是实与虚的辩证统一。就个人而言，形象通常是指一个人在社会上所形成的公众印象，以及社会公众由此而对其产生的基本看

法和做出的总体评价。细分来看，形象主要表现为外表状态和行为举止，也就是我们经常提到的仪容、仪表、仪态，其中仪容和仪表是构成个人形象的静态要素，而仪态则是构成个人形象的动态要素。只有静态要素和动态要素有机结合，才能打造出一个完整的、全面的个体形象。

心理学认为形象是人们通过各种感官对客观事物产生的主观感受和认知的集合，是主观和客观的辩证统一。一直以来，人们对容貌等外在因素的重视从未改变，对性格的打造也从未停止。心理学家通过对一系列样本的调查分析发现，无论是男性还是女性，都会因为形象上的差异而获得不同的发展机会，一个人的外在形象会在很大程度上对他的未来发展和命运产生影响。古人云"相由心生"，当前，我们在社会交往中，时常凭借第一印象来对人进行基本评判，通过外在形象对其性格与为人处世进行一定的推测与猜测，这经常被认为是"以貌取人"。事实上，从心理学角度理解，服装、发型等外在形象并非浅层次的装扮，它们能够折射出一个人的品格与德行。每个人的容貌是天生的，但仪容仪表则可以体现出个人的风度、气质与精神风貌。

马克思曾说"人是社会关系的总和"，没有社会交往，就无从谈论形象，社会交往中展现的青年社交形象，是青年形象的主要呈现形式。综合上述观点来看，高校青年形象可以理解为社会交往中人们通过各种感官对高校青年产生的主观感受和认知的集合，包含了内在的"神意"和外在的"形象"。

正如前面两章描述的传统礼仪较为重视礼仪规范的内容，形象礼仪中的仪容、仪态、仪表等一直是礼仪规范的重要内容。随着礼仪教育越来越重视形象礼仪的概念，越来越多的学者把形象单列出来，强调形象力的作用，如黄槟杰的《哈佛大学礼仪公开课》重点围绕提升形象的艺术展开；周思敏的《男人赢在形象力》是写给男人的形象礼仪指南；李昀的《形象决定未来》针对职场新人给出了形象管理指导建议。类似《赢在形象力》的畅销书还有很多，它们都是从形象管理和形象礼仪的角度展开论述。所以本书也分别论述礼仪与形象管理。

礼仪是一个人精神面貌、思想认知、道德涵养的体现，个人形象更是一个人最直接的名片，集中反映一个人的个性气质、道德修养、审美修养与文化品位。综合理解，高校青年礼仪与形象管理是对传统礼仪内涵的延伸，同时强调行为规范和形象管理在律己敬人过程中的重要性，两者相互交叉，相辅相成，不可分割。

本书所论述的高校青年礼仪与形象管理主要是指高校青年在社会交往过程中,为使人们形成良好的主观感受和认知(也可以理解为他人对他的总体评价和基本印象),所应当遵守的行为准则。

二、高校青年礼仪与形象管理的内容

（一）内涵层面

从高校青年礼仪与形象管理的内涵层面看,我们可以从宏观上把高校青年礼仪与形象管理的内容分为外在的视觉形象和内在的精神形象。根据心理学中著名的人际交往信号 55387 定律,[①]视觉形象包含了视觉、听觉、触觉等展现出来的仪容、仪表、仪态、举止,精神形象大多指人格品质和精神风貌。具体包含以下两个部分。

（1）视觉形象管理。主要包含服装仪容等外在形象管理,站坐走蹲等肢体仪态训练,语言表达中的表情目光等交互仪态管理,邮件、简历等书面形象管理,这些是视觉感官形象的行为管理;也包含语言表达中的速度、语气等内部声音形象管理,敲门、走路、就餐、打嗝、打喷嚏等外部声音形象管理,这些是听觉感官形象的行为管理;还包括递接物品、握手、引导、坐车、体味管理等,这些是触觉、嗅觉等感官形象的行为管理。

（2）精神形象管理。主要指总体呈现的精神风貌,一是针对高校青年内心层面的引导教育,包含对主流价值观、人生观的引导教育;二是爱岗敬业、尊师重道、乐于助人、与人为善、尊重他人等传统美德教育;三是民族尊重、文化尊重、文化自信等文化传承教育等。引导高校青年由内而外认同礼仪文化和进行形象管理,从而约束其自身行为,才能展现出自信大方的正面形象。

（二）人际交往层面

高校青年礼仪与形象管理,不仅包括高校青年校内日常生活的基本规范,而且也涉及校外社会生活的通用规范,开展这方面的教育能够帮助高校青年开阔视野,使其为今后走上社会、熟悉社会、立足于社会做好必要准备。具体可以分为三部分内容。

（1）高校青年的自律之道。这部分内容更多从个人角度出发,主要涉及高

---

①　美国心理学家梅拉比安曾经提出一个非常著名的公式,在人与人的交流中,相互传递的信号主要有三种:视觉信号、声音信号和语言信号。视觉信号指我们所能看到的东西,如衣服、形体语言、面部表情等,声音信号指的是人怎样使用他的声音,而语言信号则指遣词造句。其中视觉信号在给其他人留下的整体印象中所占比重是 55%,声音占了 38%,语言仅占 7%,这简称 55387 定律。

校青年的个人规范,引导高校青年学会严格要求自己,塑造良好的自我形象,包括日常生活中的品德修养、穿着打扮、言谈话语、举止行为、仪容仪态等内容。

(2)高校青年的待人之规。具体包括帮助高校青年处理好人际关系,如如何处理好师生关系、同学关系、异性关系等。

(3)高校青年的社交之度。具体包括高校青年跨界交际的基本规范,包含在公共场合、各种校内外交际应酬中所需要掌握的沟通技巧。帮助高校青年掌握常规的社交礼仪和沟通技巧,让高校青年呈现良好的青年风貌,同时也助力其在今后的工作生活中取得成功。

(三)实践培养层面

为了更好地开展高校青年的礼仪与形象管理教育,从具体的教育实践培养角度看,其包含以下几个方面的内容。

(1)日常礼仪的普及与实践。具体包括高校青年日常生活中的基本礼仪常识与形象管理的基本原则和要求,可以通过第一课堂和第二课堂相结合的形式,对礼仪与形象管理知识进行普及,帮助高校青年关注和了解青年礼仪与形象管理的基本要求。

(2)场合礼仪的要求与实践。具体包括高校青年在不同场合情景需要掌握的不同的礼仪和形象管理要求,满足高校青年在商务场合、社交场合、休闲场合、国际交往等不同场景下的培养要求,让高校青年在各种场合中展现得体的青年形象。

(3)社会实践中的礼仪要求。具体包括高校青年在担任学生骨干、实习、求职面试、竞赛答辩、志愿者服务等具体实践中需要掌握的行为准则和形象管理要求,让高校青年在各类社会实践中展现应有的角色形象,更好地完成各类实践。

三、高校青年礼仪与形象管理的目标

早在中国古代,就有了非常完备的礼仪规范体系,即"五礼",祭祀之事乃为吉礼,冠婚之事乃为嘉礼,宾客之事乃为宾礼,军旅之事乃为军礼,丧葬之事乃为凶礼。古时,失礼之责,轻则为人所讥笑、讽刺、鄙视,重则罢官流放、身陷囹圄甚至人头落地。由此可见礼仪的重要性。家有家礼,国有国礼,家礼可道人伦,显家威;国礼,可定国道,守国序。违家礼,家规惩处;背国礼,国法惩治。所以,为仕途,要学礼;为家风,要学礼;为国威,要学礼;为人处世,更要学礼。

有礼,行遍天下,受人敬;无礼,寸步难行,遭人恶。当前社会竞争不断加剧,而我国大部分学生在应试教育下成长,中小学礼仪课程的开展不够充分。许多学生的礼仪意识薄弱,礼仪知识也很匮乏。长此以往,国内的礼仪教育相对于其他教育较为落后,导致高校青年群体中广泛存在与礼仪规范、形象管理不相符的行为,使我国青年形象受到严重损害。《说文解字》中对"礼"是这样解释的,"礼者,履也",履为行路。也就是说仅仅了解礼仪知识是不够的,只有通过亲身践行,才可养成良好的礼仪行为习惯。对大多数人来说,若未经训练,在不同场合和对象面前恰如其分地运用不同礼仪不是一件容易的事。所以,礼仪与形象教育需要实践,重在贯彻与落实。

礼仪与形象教育应成为高校德育与美育的融合点,以美化人、以德育人。德育工作是以自然、生活、艺术、思想的美使学生的精神世界得到丰富与充实,以此来满足学生的精神需求,同时也能培养学生的生活情趣,在一定程度上抵制旧思想、坏思想和错误思想的侵蚀。美育也可以称为审美教育,相比其他教育,它有着非常明显而强烈的优越性,因为它是以美的形象和方式对学生进行感化,可以使学生在一个轻松愉悦的氛围里领悟道理,逐渐完善自身的建设、促进自身发展。礼仪与形象教育就是"美"与"善"的发扬,把美育与德育相融合。所以,礼仪与形象教育应该充分发挥美育与德育的优势,扬长补短,使教育的时效性得到快速提升。

随着社会的不断进步,讲究礼仪,遵从礼仪规范,可有效地展现一个人的教养、风度与魅力,体现一个人的认知水平和对他人、社会的尊重程度。适度、恰当的礼仪不仅能给公众以亲和力、可合作和可交往的信任感,而且有助于在与他人的合作中实现成功。深化礼仪与形象教育,可使高校青年的礼仪行为带有内在情感的自觉性,使礼仪成为一种文化、一种价值观、一种高尚的人格力量。伴随着高等教育改革的深化,在倡导素质教育的今天,礼仪与形象教育成为素质教育中必不可少的内容。礼仪课程应该不断创新、不断改革,并成为学生生活、学习、人际交往、沟通交流、求职就业等的向导,引领学生成长进步。高校青年是当代优秀青年群体的代表,是当代先进文化的承载者,也是未来参与实践和国际交往的主力军。所以,注重礼仪、讲究形象成为高校青年必备的修养。

第二节　高校青年礼仪与形象教育的重要性

一、礼仪与形象教育是新时代发展的迫切需要

经过长期努力,中国特色社会主义进入了新时代,这是我国发展新的历史方位。政治、经济、文化、社会发展等应全部围绕新时代实现中华民族伟大复兴这一中国梦。

（一）是实现中国梦强有力的文化理论支撑

党的重要会议多次指出:文化是一个国家、一个民族的灵魂。没有高度的文化自信,没有文化的繁荣兴盛。在大力提倡文化自信和强化社会主义精神文明建设的时代背景下,实现中国梦要立足于中华文化。而礼仪文化作为中华优秀传统文化的重要组成部分,是中华民族宝贵的精神财富。正如第一章所述,中国的礼仪文化有着完整的体系和丰富的内容,历史给我们留下了宝贵的礼仪文化遗产。几千年来,中国人民的礼仪实践积淀了非常厚重的经验和文化成就,也不断地影响着中国乃至全世界的文化,新时代的礼仪文化就是在丰富的传统礼仪文化上发展的。高校青年是祖国的未来与希望,作为新时代的青年,他们有责任和义务继承和发扬光大礼仪文化。

高校青年对礼仪文化的态度应当是认同的、遵守的、赞同的。但是当前,受到多元化文化碰撞的影响,高校青年容易盲目地追求自由和主体意识,导致自身缺乏礼仪意识和文化修养,容易对传统文化从形式到内涵都充满质疑。比如,礼仪文化中很重要的一点就是关于仪容的规范,仪容规范要求高校青年注意着装整洁,注重场合着装,但是有时候受国际文化的影响,不少高校青年忽略了基本着装礼仪本身律己敬人的内涵,甚至批判简单大方的穿着过时老土,没有意识到这与高校青年的礼仪文明要求和展现青年形象的要求相悖,不利于校园文化的构建。

所以,引导高校青年树立文化自信,礼仪与形象教育是一个有力切入点,可帮助高校青年在学习中华传统礼仪文化过程中发现"礼"的魅力和内涵,有助于中华优秀传统文化的传承与发扬。

（二）是新时代培育和弘扬社会主义核心价值观的有效手段

习近平总书记在主持中共中央政治局第十三次集体学习时的讲话中指

出："培育和弘扬社会主义核心价值观必须立足中华优秀传统文化。……博大精深的中华优秀传统文化是我们在世界文化激荡中站稳脚跟的根基。"①多年来,习近平总书记无论在北京大学、清华大学等高校师生座谈会上,还是五四青年节对于广大青年的寄语中,多次强调青年要自觉践行社会主义核心价值观。要发挥核心价值体系的影响力,社会主义核心价值观的日常生活化是其中必要的一个环节。党的十九大报告明确指出,要把社会主义核心价值观融入社会发展各方面,转化为人们的情感认同和行为习惯。

而礼仪与形象教育正是高校青年日常行为习惯培养和引导的重要内容。无论是传统礼仪文化中的仁爱孝悌、尊师重教、与人为善、诚信待人等,还是国际礼仪中的严格守时、女士优先、注重隐私等,它们既是核心价值观的重要内容,也是重要的行为指导规范。培养高校青年的礼仪素养,有助于高校青年树立正确的文明礼仪观念,养成良好的礼仪行为习惯,从而形成正确的价值取向,促进核心价值观转化成人们对自身的价值要求和行为习惯,为推动社会进步、构建和谐社会贡献力量。

（三）是推动"十四五"规划和第二个百年奋斗目标实现的内在要求

一个国家要实现奋斗目标,既要不断地丰富物质财富,也要不断地丰富精神财富。党的十九大对实现第二个百年奋斗目标做出了分两个阶段推进的战略安排。第一个阶段要实现社会主义现代化,建成文化强国,国民素质和社会文明程度达到新高度;第二个阶段要建成社会主义现代化强国,其中文明与和谐同样关键。"十四五"时期经济社会发展的主要目标中,社会文明程度得到新提高是六个目标之一,要求推动形成适应新时代要求的思想观念、精神面貌、文明风尚、行为规范。具体包括青年马克思主义者培养工程、理想信念教育、党史学习教育、爱国爱党教育及志愿者服务等,每一块内容中,礼仪都是非常重要的。

加强高校青年礼仪与形象教育,可以直接有效地提升高校青年自身的道德素养。就个人而言,能够使其知荣辱、讲文明,拥有良好的人格形象和文化修养,能展现独有的朝气蓬勃的精神面貌;就社会交往而言,高校青年可以理解社会交往的内涵,掌握更多的人际交往的方式方法,能够妥善处理复杂的人际关系,减少不必要的校园冲突,促进校园文明发展;就高校青年毕业发展而

---

① 习近平.把培育和弘扬社会主义核心价值观作为凝魂聚气强基固本的基础工程[N].人民日报,2014-02-26(1).

言,高校青年可以了解和掌握职场、商务等各种场合的礼仪规范和人际交往技巧,一方面能够更好更快地适应社会生活,另一方面,也符合社会对高素质、高水平人才的需求,从而促进整个社会文明程度的提高。

二、礼仪与形象教育是高校完成育人目标的重要手段

(一)我国育人目标的发展变化

在文化教育上,我国一直有着悠久的历史传统。《大学》中提到"大学之道,在明明德,在亲民,在止于至善",这是人才培养的"三纲领",而"格物、致知、诚意、正心、修身、齐家、治国、平天下"阐述的是怎样培养人才的问题,就其根本目的而言,就是通过教育和学习,不断地追求和实现儒家所崇尚的"至善"的人生境界。在传统社会,儒家要培养的是"求仁得仁"的"君子"和"止于至善"的"圣人","圣人"虽然是终极目标,但却难求,所以传统教育的主要目标是培养"君子"。

中国共产党自土地革命时期起,就非常重视文化教育事业,不同时期革命和建设任务的不同,教育方针和目标也在不停地调整变化。

在根据地和解放区时期,中国共产党执行的是教育要为无产阶级政治服务、教育与生产劳动相结合的教育方针。

1949年,《中国人民政治协商会议共同纲领》规定"中华人民共和国的教育是新民主主义的教育,它的主要任务是提高人民文化水平,培养国家建设人才,肃清封建的、买办的、法西斯的思想,发展为人民服务的思想。这种新教育是民族的、科学的、大众的教育,其目的是为人民服务,首先为工农兵服务,为当前的革命斗争与建设服务"。

1957年,毛泽东在《关于正确处理人民内部矛盾的问题》中明确指出:"我们的教育方针,应该使受教育者在德育、智育、体育几方面都得到发展,成为有社会主义觉悟的有文化的劳动者。"[①]

1958年,中共中央、国务院颁布的《关于教育工作的指示》将党的教育工作方针明确为"教育为无产阶级的政治服务,教育与生产劳动相结合;为了实现这个方针,教育工作必须由党来领导"。这个方针一直执行到了改革开放。

1985年,《关于教育体制改革的决定》明确提出党的教育工作方针为"两

---

① 毛泽东.关于正确处理人民内部矛盾的问题[M].北京:人民出版社,1964.

个必须""三个面向"和"四有"①。1986年,这个方针被写进了《中华人民共和国义务教育法》,这不仅实现了"教育为社会主义现代化建设服务"的方针转变,也是理论、政策、实践上的一次飞跃。

随着社会主义市场经济建设,教育事业的发展也围绕建立社会主义市场经济体制的目标。比如1993年印发的《中国教育改革和发展纲要》规定新时期教育方针是"教育必须为社会主义现代化建设服务,必须与生产劳动相结合,培养德、智、体全面发展的建设者和接班人"。1995年通过的《中华人民共和国教育法》明确提出育人目标为培养"社会主义事业的建设者和接班人"。

从表述中,我们可以看到,从"劳动者"到"建设者"到"建设者与接班人",反映了不同发展阶段国家对人才培养的不同要求,党的教育方针也是在发展中不断充实和完善。

党的人才培养的具体内容和路径在不断丰富和完善,1998年,江泽民在庆祝北京大学建校100周年大会上的讲话中提出要"造就有理想、有道德、有文化、有纪律的德智体美全面发展的社会主义事业建设者和接班人"。2002年,党的十六大明确提出了"培养德智体美全面发展的社会主义建设者和接班人"。

2018年,习近平总书记在全国教育大会上指出"培养德智体美劳全面发展的社会主义建设者和接班人,加快推进教育现代化、建设教育强国、办好人民满意的教育"②,将劳动教育作为教育和人才培养的重要内容,提出了德、智、体、美、劳全面发展的教育理念,这也是新时代中国特色社会主义事业发展对教育的总要求。

（二）新时代育人目标

从上述内容中,我们不难发现,党的育人目标为适应不同阶段国家社会的发展需要,不断地调整和完善,从"劳动者"到"建设者"再到"建设者与接班人",从"德智体"到"德智体美"再到"德智体美劳",人才全面发展的内涵越来越丰富和具体。同时习近平总书记在2018年全国教育大会上的讲话中指出,"培养什么人,是教育的首要问题。我国是中国共产党领导的社会主义国家,这就决定了我们的教育必须把培养社会主义建设者和接班人作为根本任务,

---

① "两个必须"指教育必须为社会主义建设服务,社会主义建设必须依靠教育,"三个面向"指面向现代化、面向世界、面向未来,"四有"指有理想、有道德、有文化、有纪律。

② 习近平.坚持中国特色社会主义教育发展道路 培养德智体美劳全面发展的社会主义建设者和接班人[N].人民日报,2018-09-11(1).

培养一代又一代拥护中国共产党领导和我国社会主义制度、立志为中国特色社会主义奋斗终身的有用人才。这是教育工作的根本任务,也是教育现代化的方向目标"[1],明确地回答了新时代教育的根本问题。

为中国特色社会主义培养人才,所要培养的是社会主义建设者和接班人,就是要培养德智体美劳全面发展的社会主义建设者和接班人,加快推进教育现代化、建设教育强国、办好人民满意的教育。

所以,新时代我们所培养的人才应该是德智体美劳全面发展的"五育"新青年,注重高校青年品德和德行、知识和技能、身体素质、美学素养、劳动品质等全面发展。习近平总书记在全国教育大会的讲话中,围绕德智体美劳全面发展的要求,提出了更多培养高校青年的具体要求。综合来看,具体包括以下几点:高校青年要有坚定理想信念,要有共产主义远大理想和中国特色社会主义共同理想,要有"四个自信",要能肩负起民族复兴的时代重任,要有浓厚的爱国主义情怀,能够热爱和拥护中国共产党,听党话、跟党走,扎根人民、奉献国家;要有良好的品德修养,有大爱、大德大情怀,能够践行社会主义核心价值观;要有奋斗精神,能够树立高远志向,拥有敢于担当、不懈奋斗的精神,具有勇于奋斗的精神状态、乐观向上的人生态度,做到刚健有为、自强不息;要有扎实丰富的知识见识和敢于创新的思维,能够求知问学,增长见识,丰富学识,沿着求真理、悟道理、明事理的方向前进;要树立健康第一的理念,在体育锻炼中享受乐趣、增强体质、健全人格、锤炼意志;要全面发展美育,具备较高的审美和人文素养;要具备劳动精神,崇尚劳动、尊重劳动,懂得劳动最光荣、劳动最崇高、劳动最伟大、劳动最美丽的道理,能够辛勤劳动、诚实劳动、创造性劳动。

(三)新时代高校育人目标

高校青年礼仪与形象教育作为高校素质育人的重要内容,其核心目标应当与高校的整体育人目标方向相同,步调一致,旨在提升高校青年礼仪形象素养,加快学校整体育人目标的实现,从而为培养社会主义合格建设者和可靠接班人贡献力量。具体来看,高校青年礼仪与形象教育和高校"五育"目标中的"德"与"美"紧密相连,并深刻影响"智、体、劳"的提升与发展,主要有以下几点。

---

① 习近平.坚持中国特色社会主义教育发展道路 培养德智体美劳全面发展的社会主义建设者和接班人[N].人民日报,2018-09-11(1).

1. 礼仪与形象教育是提升大学生德育的有效手段

立德树人是新时代党的教育方针的要求,是中国特色社会主义教育的根本任务。立德,就是坚持德育为先,通过教育来引导人、感化人、激励人;树人,就是坚持以人为本,通过教育来塑造人、改变人、发展人。德育落地必然需要一个实践过程。礼仪属于德育范畴,是德育的基础,礼仪与形象教育作为高校青年素质教育的重要内容,要围绕内化的"德"与外显的"礼"以及两者之间相辅相成的关系开展,通过教授传统礼仪文化和现代社交礼仪规范,引导高校青年在规范自身行为的同时,培养律己敬人的高尚品德,强化高校青年正向传播中国良好青年形象的意识,提升高校青年的文化自信和弘扬传播传统文化的能力,从而有效地传播社会主义核心价值观,更好地服务于高校思想政治教育工作,促进高校青年德育工作的有效开展。礼仪与形象教育的建设和发展已经成为高校育人工作的重要组成部分,成为落实立德树人任务的重要一环。

2. 礼仪与形象教育是开展大学生美育的重要组成部分

美育是审美教学与美感教学的结合,通过教育提升人们认识美、理解美、欣赏美、创作美的能力,是新时代培养德智体美劳全面发展的社会主义建设者和接班人的重要着力点,在"立德树人"方面发挥着独特的、不可替代的作用。我国学校的美育是为建设社会主义精神文明和培养学生心灵美、行为美服务的。而礼仪与形象教育的主要内容正是围绕个人形象的塑造和行为礼仪的修炼展开的,有助于提升高校青年认识美、传播美的能力。围绕传统礼仪文化传播文化之美,围绕国际礼仪展示文化交融之美,围绕敬人之心传递高校青年心灵之美,围绕形象管理传播高校青年形象之美,围绕社交行为礼仪展现校园和高校青年行为之美……礼仪与形象教育是高校青年美育不可或缺的内容,更是促进高校青年美育开展的重要形式。

3. 礼仪与形象教育深刻影响"智、体、劳"的提升与发展

礼仪与形象素养作为高校青年综合素养的重要内容,不仅能够提高高校青年思想素养,发展高校青年道德情操,实现高校青年心灵美、行为美,而且直接影响高校青年在智力、体育和劳动方面的发展。一方面,加强礼仪与形象教育,可推动高校在实践中培养学生的综合能力,让高校青年充分认识自我、发掘自我,学会在生活中正确而恰当地与人沟通交流、分工协作;还有助于加强高校青年对传统礼仪文化和现代社交礼仪的学习和应用,开阔高校青年的视野,丰富高校青年的知识,发展高校青年的智力。另一方面,礼仪与形象教育可引导高校青年对个人形象进行有效的管理,主动合理开展体育锻炼,保持身心健康,展现

一个青年良好的外在形象和精神风貌;同时,礼仪文化对传统劳动品德的宣扬与传播,可以引导高校青年热爱劳动、热爱劳动人民,并进行创造性劳动。

总体来看,德智体美劳"五育"相辅相成,礼仪与形象教育既是高校"五育"的重要内容,也是实现高校育人目标的有效手段。

三、礼仪与形象教育是高校培养文明新一代的内在要求

古人云:"不学礼,无以立。"礼仪作为立身处世之本,是待人接物的学问,也是每一个人都应该学习的必修课。

（一）有利于塑造和提升新时代中国青年的国际形象

随着中国经济社会的发展,中国与世界的交流日益频繁和深入。中国人以什么样的形象出现在世界舞台,这不仅是国际社会普遍关注的问题,同时也是中国人塑造自身形象并融入世界的重要问题。青年群体作为中国故事的重要讲述者、中国声音的重要传播者,正吸引着世界越来越多的关注。在新时代背景下,加强礼仪与形象教育可以提高高校青年的道德素养和整体水平,帮助高校青年掌握中国传统礼仪文化,了解国际礼仪规则,懂得对仪容、仪表、仪态的管理和不同场合涉及的礼仪问题。无论是面对冬奥会、亚运会等国际大型赛事,还是出国留学,青年都能在各种国际国内场合做到从容自信,展现知礼、懂礼、得体的中国青年形象,展现新时代社会主义现代化强国的青年风范。

（二）有利于提高广大高校青年的文明素养

当代高校青年多数在家中长辈的宠爱和呵护下长大,一部分养成了"唯我独尊"的心态,生活和学习中一味地追求个性,以自我为中心,不尊重长辈、老师和其他同学,当学习生活中出现矛盾或者分歧时,不愿意调整自己,导致难以融入集体。同时在与人相处过程中,较少注意说话的分寸,容易出言不逊、恶语相向。在课堂、寝室、校园等公共场合,容易从自身需求出发,不注重自身的举止姿态,不愿意规范自己的行为,对于学校和老师的管理不予配合。一些学生由于从小缺乏对形象美的正确认识和追求,缺乏形象管理的意识,在个体的仪容、仪表、仪态等方面的标准较为模糊。因此,加强高校青年礼仪与形象教育十分迫切和必要,普及高校青年的礼仪知识,加强高校青年形象管理,有助于直接提高他们的文明素养。

（三）有利于高校加强构建和谐校园,推进校园精神文明建设

无论是传统礼仪文化还是中国特色社会主义新时代对礼仪的新要求,礼仪与形象教育的内容决定了它属于精神文明建设,是高校实施道德建设,培养

"爱国守法、明礼诚信、团结友爱、勤俭自强、敬业奉献"的有高尚品德修养的高校青年的重要途径,是践行社会主义核心价值观的重要抓手。

具体来说,培育和践行社会主义核心价值观,最终实现国家的富强、民主、文明、和谐,体现在生活的方方面面,体现在每一个个体的言行举止上,对于高校来说就是落脚在每一位师生。礼仪文化中所包含的精神追求、价值取向、道德观念在校园学习生活中无处不在、无时不在,礼仪成为高校思想政治教育,培育和践行社会主义核心价值观的有效抓手。加强高校青年的礼仪与形象教育,引导他们从个人入手,逐渐提高个人修养,从而向同辈和外界展现更好的青年形象,净化校园环境,促进校园和谐稳定发展,推进高校精神文明建设。

四、礼仪与形象教育是高校人才高质量发展的需要

2022 年 4 月 21 日,国务院新闻办公室发布白皮书《新时代的中国青年》开篇明确指出:"青年是整个社会力量中最积极、最有生气的力量,国家的希望在青年,民族的未来在青年。中国青年始终是实现中华民族伟大复兴的先锋力量。"民族的未来在青年,而担当民族复兴大任的人必须是德才兼备、德智体美劳全面发展的人。正如上面所述,高校青年礼仪与形象教育是德智体美劳培养目标的重要手段,高校为了更好地培育学生,不仅仅要教授学生大量的知识,还需要注重学生自身素养的提升。总的来说,礼仪与形象教育对于高校青年个人高质量成长发展有着直接的促进作用,体现在以下几点。

(一)是高校青年高质量学习的需要

无论是教育学还是心理学,我们都可以看到,对于一个人的专业学习,智力因素与非智力因素起同等重要作用。一般来说,智力因素包括注意力、观察力、想象力、思维力、记忆力,非智力因素主要指情感、意志、性格。[①] 情感激发学生学习的动力,意志支撑学生在学习过程中攻坚克难,性格引导学生进行深度学习。在当前高校青年学习上,非智力因素方面的问题比智力因素多得多,如考试作弊、学术造假、学习动机水平低等问题普遍存在。

礼仪与形象教育通过一定的行为规范要求和训练,有助于高校青年学习习惯的养成、课堂纪律的遵守、学术诚信的强化、职业素养的培育、专业信心的树立等,有助于适应项目驱动、小组讨论、合作交流、顶岗实习等教学方法、教学组织模式及深度学习的要求,从而改善学习状态,提高学习效率,更好地开

---

① 　燕国材.应重视非智力因素的培养[J].教育艺术,1994(6):40.

展互帮互助和团队合作,更有效地完成团队项目,提高团队产出效率,提高学习效果,实现个人知识和专业技能的增长。

(二)是高校青年高质量生活的需要

高校青年正处在从青少年向成人转变的阶段,心理发展由不成熟向成熟过渡,渴望被他人理解,渴望和谐的社会交往关系又害怕社会交往,这样独特和矛盾的心理特征会直接影响高校青年的生活状态和精神面貌。

在校园生活中,礼仪与形象教育可以直接帮助高校青年在仪容仪表仪态等视觉形象上改变,也可以直接指导高校青年的校园行为。有助于高校青年以整洁美丽、积极向上的个体形象出现在校园,增强他们的自信心;有助于高校青年提高自身修养,积极关心关注自身生活,不断优化自己的学习生活环境,提高校园学习生活质量;有助于高校青年提升在现实生活中的社交能力,完善人际关系,理智而妥善地处理人际矛盾,创造更加和谐的伙伴关系。这一系列从形象到行为的引导,可以让高校青年有更好的学习生活氛围、更加愉悦的交往体验,有利于高校青年身心健康地发展,减少负面人际关系的影响,减少寝室矛盾、同学纠纷,让高校青年的社会交往更加有吸引力,提升校园生活幸福指数。

(三)是高校青年高质量就业发展的需要

长期以来,高校青年就业问题一直是高校人才培养的难点问题。此外,如何提升高校青年就业能力,提升他们的职业竞争力也一直是高校研究的重点内容。对于职业竞争力来说,其涵盖的内容较为广泛,除了专业的职业技能外,从每年的就业市场调查数据可以发现,专业外的基本技能成了决定职业竞争力的关键因素。德国劳动力市场和职业研究所所长梅腾斯从 20 世纪 60 年代开始对专业外的基本技能进行研究,于 1972 年提出"核心能力"(key skills,又译作"关键能力")概念。该词语一经提出就得到了全球的认可,核心能力的培养也逐渐在中国各教育体系中受到重视。根据全国职业核心能力认证体系的理论研究,国内的职业核心能力分为三部分:基础核心能力(职业沟通、团队合作、自我管理)、拓展核心能力(解决问题、信息处理、创新创业)、延伸核心能力(礼仪训练、领导力、执行力、营销能力等)。而礼仪与形象管理对三大能力的发展都起到非常重要的作用,也直接影响高校青年的高质量就业。

一方面,礼仪与形象管理很多情况下直接决定了高校青年的就业成功率。无论从心理学中的第一印象原则看,还是从社会学中人际交往的要求看,在高校青年应聘时,得体的着装有助于求职者在面试中脱颖而出,优雅的举止会让求职者价值增倍,会给招聘者留下更好的印象。反过来,若是求职者没有基本的礼仪与形象管理,其在面试的时候也许连展现职业技能的机会都没有,直接影响应聘的成功率。

另一方面,高校青年的礼仪与形象管理也直接影响就业的质量和长期的职业发展。从就业市场调查数据可以发现,大部分世界 500 强企业认为招聘时个人素质修养比专业技能更重要,企业高管更加看重员工的素质修养,看重个人的形象管理和行为细节,而这些素质修养的提升都是礼仪与形象教育中重要的内容。

第四章　高校青年国际社交形象的实证分析

——基于在杭留学生的调研

随着中国经济社会的发展,中国与世界的交流日益频繁和深入。习近平总书记在纪念五四运动 100 周年大会上讲道:"青年是整个社会力量中最积极、最有生气的力量,国家的希望在青年,民族的未来在青年。"当代青年思想活跃、思维敏捷,观念新颖,兴趣广泛,接受新生事物快,主体意识、参与意识强。青年群体作为中国故事的重要讲述者、中国声音的重要传播者,正吸引着世界越来越多的关注和重视。[①] 习近平总书记在浙江考察时强调,要完整准确全面贯彻新发展理念,围绕构建新发展格局、推动高质量发展,聚焦建设共同富裕示范区,打造新时代全面展示中国特色社会主义制度优越性的重要窗口,坚持一张蓝图绘到底,持续推动"八八战略"走深走实,始终干在实处、走在前列、勇立潮头,奋力谱写中国式现代化浙江新篇章。所以本书采用问卷调查和个案分析相结合的方法,对在杭留学生进行抽样调查,分析杭州青年的社交形象的现状和存在的问题。

以往针对青年社交形象的研究以宏观的青年素质评价居多,多以内容分析的方式进行,缺乏量化评价。本书将青年社交形象作为重要观察点,从仪容、仪表、仪态和举止等方面考察青年社交形象,构建青年社交形象量化指标评价体系。同时对杭州青年社交形象进行横向国际比较,找到杭州青年形象的优势与短板。基于上述研究,提出提升杭州青年社交形象的路径与政策建议,本研究不仅有助于当下对杭州青年社交形象进行微观描述,同时也将为后期持续观察评价杭州青年社交形象提供研究范式,实现形象研究从静态观察与评价到动态观察与评价的跨越,对青年社交形象的提升具有重大意义。

[①]　习近平. 在纪念五四运动 100 周年大会上的讲话[N]. 人民日报,2019-05-01(2).

第一节　调查项目概述

一、调查背景

纵观十几年来青年形象研究的相关文献,对于青年形象的重要性和特征有很多不同的研究。对于在国际交往中注重青年形象的塑造,发挥青年形象的重要作用,学者基本达成共识,为进一步探讨杭州青年社交形象问题奠定了基础。研究成果主要集中在以下几个方面:(1)一是从历史发展的角度诠释了中国人形象及中国青年形象的变迁;(2)二是从文化的角度,依托影视剧、小说等文化作品塑造的青年形象来分析中国青年的变化和特征;(3)三是从实证的角度,借助北京奥运会、广州亚运会等国际赛事,分析和研究当地青年所呈现的国际形象,类似的实证研究虽然不多,但也逐渐得到重视。

但总的来看,存在以下局限:(1)青年形象评价缺乏定量的指标体系,以往对于青年形象的评价描述以定性的主观表述为主,未构建完整的评价指标体系,同时大多依托对现有文本内容的分析,实际调查较少,定量分析更为稀少。(2)社交礼仪是青年形象呈现的重要载体,但青年社交形象的专项研究较少,大多数研究集中在宏观的青年素质评价,提升青年形象的措施不能直接落地。(3)青年留学生视角下的青年形象研究比较缺乏,留学生作为在当地生活学习时间较长的群体,因为朋辈效应,是与中国青年接触相对密切、社会交往相对频繁的国际友人,且随着中国的发展,留学生的数量也在不断增长,但目前基于留学生调研青年形象的研究依然非常缺乏。(4)有关青年形象的实证分析研究较少,较少采用调查方式进行定量研究,对杭州青年形象的研究更是少之又少。

本研究基于对在杭留学生的调查,开展杭州青年社交形象的实证研究,以寻求提升杭州青年社交形象的有效途径。

二、调查目的及意义

(1)在国际视角下研究中国青年社交形象,对新时代中国青年国际形象的塑造和提升具有重要的现实意义。随着中国经济社会的发展,中国与世界的交流日益频繁和深入。中国人以什么样的形象出现在世界舞台,这不仅是国际社会普遍关注的问题,同时也是中国人塑造自身形象并融入世界的重要问题。本书选择从外国留学生的视角描绘杭州青年社交形象将有助于我们加深对杭州青年国际形象的认识,为有效提升中国青年的国际形象提供参考。

(2)选择将青年社交形象作为青年形象的研究重点,可弥补以往青年形象研究缺乏观察介质的缺憾,提升政策建议的实效性和针对性。以往针对青年形象的研究以宏观的青年素质评价为主,缺少微观观察介质,以至于研究成果停留在宏观倡导和建议上,缺少微观层面的指导实效和价值。本书巧妙选择将青年社交形象作为重要观察点,从仪容、仪表、仪态和举止等方面具体评价青年形象,同时站在外国留学生的视角进行横向国际比较,找到杭州青年社交形象的优势与短板,并在此基础上提出提升杭州青年社交形象的路径与政策建议,具有较强的实效性和针对性。

第二节　调查组织实施情况

一、调查方法

利用社会科学问题解决模型和社会调查方法,基于扎根理论,借助前期在高校青年形象管理方面的教学实践和理论研究,制定调研提纲,寻找有代表性的在杭留学生开展访谈和预调查,从中提炼青年社交形象的评价指标,通过专家赋权,制定多级量化评价指标体系。同时通过问卷调查和个案分析相结合的方法,对在杭留学生开展多层抽样调查,得出当前留学生眼中杭州青年社交形象的定量和定性评价结果,从而提出提升杭州青年社交形象的对策和建议(见图 4-1)。

二、调查范围及对象

以浙江省杭州市为调查范围,对杭州市各大高校进行分层,然后随机抽取部分高校,对其国际交流学院的留学生进行问卷调查,并结合杭州青年社交形象的发展现状对留学生代表、部分行业领域专家和国际交流学院老师进行访谈。

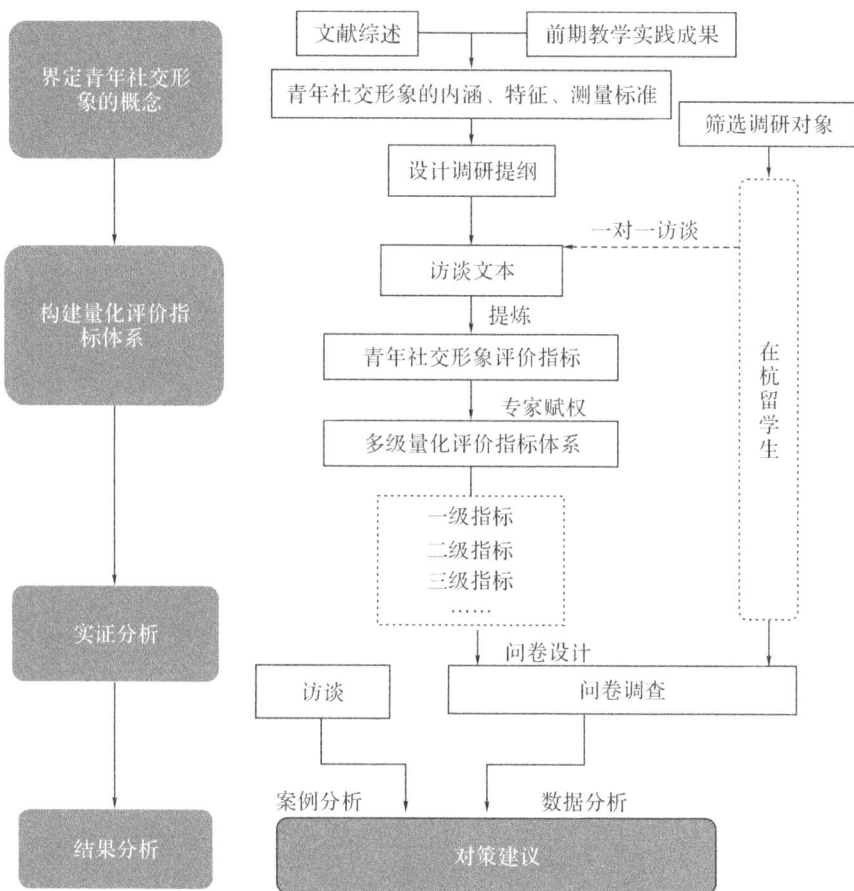

图 4-1　技术路线

（一）调查范围

浙江大学、浙江工业大学、杭州电子科技大学等 14 所高校。

（二）调查对象

1. 调查总体

（1）问卷调查总体：浙江省杭州市 14 所高校留学生。

（2）访谈调查总体：浙江省杭州市高校留学生代表、浙江省杭州市高校国际交流学院的老师。

2. 调查单位

(1)问卷调查单位:浙江省杭州市每一位愿意填写问卷的高校留学生。

(2)访谈调查单位:浙江省杭州市每一位高校留学生、浙江省杭州市高校国际交流学院的每一位老师。

三、样本量的确定及分配

（一）样本量的确定

参考李金昌的《应用抽样技术》,根据简单随机抽样(不重复抽样)确定样本量:

$$n_0 = \frac{t^2 \times P(1-P)}{\Delta^2} \tag{1}$$

$$n = \frac{n_0}{1 + \frac{n_0 - 1}{N}} \tag{2}$$

其中 Δ 为绝对允许误差,将 Δ 设定为 0.05,即 $\Delta = 0.05$。在置信水平为 95%(即 $\alpha = 0.05$)的条件下,$t = 1.96$,为了使总体方差达到最大值,p 取 0.5,对初始样本量进行计算:

$$n_0 = \frac{1.96^2 \times 0.5(1-0.5)}{0.05^2} = 384.16 \tag{3}$$

n_0 取 385,截至 2019 年底,杭州市留学生人数 $N = 23721$。由于 $\frac{n_0}{N} = 0.016 < 0.050$,不需要代入公式(2)进行修正。

一般无效问卷率在 10% 到 30% 之间,而本研究调查范围广,人员组成复杂,故本研究将无效问卷率设为 15%,最终确定样本量大小为:

$$n = \frac{385}{85\%} = 452.94 \approx 453$$

查阅文献发现,大多数学者以城市为调查范围进行研究时,样本量一般大于 200,故 453 这一样本量是合理的。

（二）样本量的分配

本研究采用分层抽样和简单随机抽样方法。

1. 高校信息汇总

对杭州市 14 所高校进行汇总,如表 4-1 所示。

表 4-1　杭州市高校名单

序　号	高校名称
1	浙江外国语学院
2	中国美术学院
3	浙江财经大学
4	浙江传媒学院
5	浙江科技学院
6	中国计量大学
7	浙江农林大学
8	浙江工商大学
9	浙江中医药大学
10	浙江理工大学
11	杭州电子科技大学
12	浙江工业大学
13	浙江大学
14	杭州师范大学

通过查阅各高校官网和浙江省教育厅公布的 2020 年浙江省高校外国留学生人数，得到杭州市 14 所高校外国留学生人数，数据如表 4-2 所示。

表 4-2　高校留学生人数

高校	留学生人数/人
浙江外国语学院	200
中国美术学院	1462
浙江财经大学	665
浙江传媒学院	245
浙江科技学院	2353
中国计量大学	358
浙江农林大学	1050
浙江工商大学	2213
浙江中医药大学	600
浙江理工大学	1402
杭州电子科技大学	1693
浙江工业大学	2258
浙江大学	7131
杭州师范大学	2091
总计	23721

通过 14 所高校学生人数和留学生总人数计算得到留学生人数占总学生人数的比重,数据如表 4-3 所示。

表 4-3　各高校留学生比重

高校	留学生人数/人	占比/%
浙江外国语学院	200	0.84
中国美术学院	1462	6.16
浙江财经大学	665	2.80
浙江传媒学院	245	1.03
浙江科技学院	2353	9.92
中国计量大学	358	1.51
浙江农林大学	1050	4.43
浙江工商大学	2213	9.33
浙江中医药大学	600	2.53
浙江理工大学	1402	5.91
杭州电子科技大学	1693	7.14
浙江工业大学	2258	9.52
浙江大学	7131	30.06
杭州师范大学	2091	8.81

按留学生人数占总人数的比重将 14 所高校分为 3 层:比重大于等于 8% 的为第一层,比重大于 4% 小于 8% 的为第二层,比重小于等于 4% 的为第三层,并对其进行编号,具体如表 4-4 所示。

表 4-4　分层抽样

层	高校	留学生占比/%	编号
第一层	浙江大学	30.06	1
	浙江工商大学	9.33	2
	浙江工业大学	9.52	3
	浙江科技学院	9.92	4
	杭州师范大学	8.81	5

层	高校	留学生占比/%	编号
第二层	杭州电子科技大学	7.14	1
	浙江理工大学	5.91	2
	中国美术学院	6.16	3
	浙江农林大学	4.43	4
第三层	中国计量大学	1.51	1
	浙江传媒学院	1.03	2
	浙江财经大学	2.8	3
	浙江中医药大学	2.53	4
	浙江外国语学院	0.84	5

2. 高校最终抽样结果

根据随机性原则,按 1:1:1 的比例在各层运用简单随机法进行抽样,抽样结果如表 4-5 所示。

表 4-5　抽样结果

层	高校
第一层	浙江大学
	浙江科技学院
第二层	杭州电子科技大学
	浙江农林大学
第三层	中国计量大学
	浙江中医药大学

根据各所高校留学生人数占被抽取高校总留学生人数比重计算问卷量,第一层为浙江大学、浙江科技学院,问卷量分别为 245 份、81 份;第二层为杭州电子科技大学、浙江农林大学,问卷量分别为 58 份、36 份;第三层为中国计量大学、浙江中医药大学,问卷量分别为 12 份、21 份,问卷发放结果如表 4-6 所示。

表 4-6　问卷发放情况

层	高校	留学生占比/%	问卷发放量/份
第一层	浙江大学	54.08	245
	浙江科技学院	17.85	81
第二层	杭州电子科技大学	12.84	58
	浙江农林大学	7.96	36
第三层	中国计量大学	2.72	12
	浙江中医药大学	4.55	21

四、项目预调查

（一）预调查内容

1. 预调查目的

初步了解杭州青年的社交形象，了解留学生对杭州青年礼仪、形象管理的大致评价，为问卷设计提供参考。

结合预调查问卷和访谈内容，检验问卷的合理性，对问卷中存在的问题进行修改和补充，剔除问卷中部分问题，保证问卷的科学性。

检验正式调查抽样方式的可行性，如了解杭州各高校的留学生分布情况，以及何时何地方便进行调查等，为正式调查的顺利进行提供保障。同时根据预调查中出现的问题准备应急方案，为正式调查中可能出现的情况做准备。

2. 预调查实施

（1）预调查问卷发放。时间为 2020 年 3 月 5 日—10 日。方式为通过"问卷星"线上调查平台发放问卷。在杭州电子科技大学抽取部分学生进行问卷调查，了解调查问题是否适宜，学生作答是否存在困难，旨在收集问卷的改进意见，为正式调查打下基础，确保问卷的科学性、可行性。

（2）留学生代表、国际教育学院老师访谈。时间为 2020 年 3 月 6 日—8 日。方式为对部分杭州电子科技大学留学生、国际教育学院的老师及院长进行访谈调查，旨在了解当前留学生社交情况，了解留学生对杭州青年社交形象的评价，与杭州青年交友存在的困难，对杭州青年社交形象的意见与建议。

（二）预调查结果

在预调查过程中，笔者将预调查问卷录入"问卷星"，通过线上转发的形式共计发放问卷 45 份，并对部分杭州电子科技大学的留学生及国际教育学院老师进行了简短的访谈,最终得到以下结果。

预调查显示大部分在杭留学生社交主要出于提高中文能力、了解中国文化、扩充人脉、适应学校学习环境等目的。留学生愿意结识中国青年,并短期内即可与一些中国青年建立社交关系,但社交关系的维持较难,在进一步深入交往过程中,双方在语言、礼仪习惯、文化等方面存在问题。

总体来看,留学生对于杭州青年社交形象的满意度较高,被访留学生从礼仪文化、精神状态、仪容仪表等方面对杭州青年进行了评价,综合评价较高,但仍存在问题,例如杭州青年社交时较为腼腆,交谈时不够热情,礼仪文化知识匮乏。留学生和老师均表示,杭州青年在社交时需要更加主动和热情,尝试多元化的社交场合及方式。

五、问卷设计

(一)设计背景

在正式问卷确定之前,除了解决预调查中出现的问题外,笔者与相关专家进行学习和交流,设计了问卷中的满意度量表,并针对青年社交形象评价指标构建了多级量化指标体系。此外,笔者结合访谈资料和网络关键热词,将仪容、仪表、仪态和精神状态具体化,形成 27 个具体项,如图 4-2 所示。

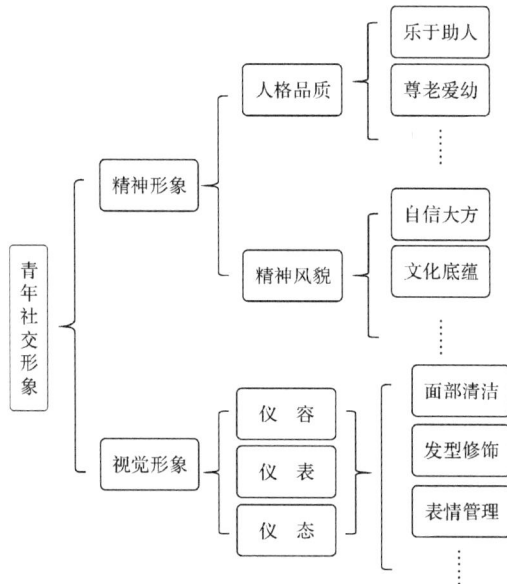

图 4-2　问卷指标体系

（二）问卷内容

通过多次检验和修改，最终确定的问卷内容如表 4-7 所示（问卷详见附录二）。

表 4-7　问卷内容

项目	指标
基本信息 （Basic information）	国籍（Nationality）
	性别（Gender）
	年龄（Age）
	学校（School）
	年级（Grade）
	来华时间（How long have you been in China）
社交情况 （Social communication）	你有中国朋友吗？（Do you have Chinese friends?）
	认识中国朋友，你有困难吗？（Do you have difficulties to meet Chinese friends?）
	在中国，你的本国朋友、中国朋友和其他国家朋友的比例各是多少（How many percent of your native friends, Chinese friends, and foreign friends in China?）
	在中国，你的杭州朋友与中国其他地区朋友的比例各是多少？（How many percent of your Hangzhou's friends and Chinese friends in other area?）
	在中国，你认为你与杭州朋友交往的愉悦度是如何变化的？（In China, how do you think the pleasure of your interaction with Hangzhou's friends has changed?）
社交目的（Social purpose）	你认识杭州朋友的目的是什么？（What's your purpose of meeting Hangzhou's friends?）

项目	指标	
社交形象评价 （evaluation of social image）	在与杭州朋友交往过程中对杭州青年的总体评价（The overall evaluation of Hangzhou's friends in your contact with them）	
	视觉形象 （Appearance and manner）	面部清洁（Facial hygiene）
		口腔清洁（Oral cleaning）
		眼部清洁（Eye cleaning）
		体味处理（Body odour）
		颈部清洁（Neck cleaning）
		发型修饰（Hair style）
		妆容规范（Make up standard）
		着装得体（Dress properly）
		见面礼仪（Greeting etiquette）
		表情管理（Expression management）
		交谈对话（Conversation）
		微笑礼仪（Smile etiquette）
		坐蹲站姿（Sitting，squatting and standing）
		行姿规范（Walking posture）
		手势礼仪（Gesture etiquette）
		致意礼节（Courtesy）
		交谈距离（Talking distance）
	精神状态 （Spiritual outlook）	自信大方（Confident and generous）
		积极向上（Positive）
		眼神状态（Meaningful glance）
		乐于助人（Always be ready to help）
		文化底蕴（Cultural spirits）
		谦和好礼（Modest and courteous）
		尊老爱幼（respect the old and cherish the young）
		诚实守信（Be honest and trustworthy）
		勤劳节俭（Industrious and thrifty）
		有责任感（Have a sense of responsibilitiy）
意见与建议（Comments and suggestions）		

第三节　调查数据分析

本调查共计发放问卷 453 份,回收问卷 453 份,其中有效问卷 448 份,问卷有效率高达 98.89％。以下将从几个方面对问卷结果进行分析,分别是个人基本情况、社交情况、社交目的、社交形象评价,通过数据研究杭州青年社交形象的现状与问题,刻画杭州青年社交形象。

一、留学生基本情况分析

(一)国籍及学校

问卷数据显示,被访留学生来自韩国、泰国、叙利亚、印度、加拿大等 61 个国家,分布世界各地,就读于浙江大学、杭州电子科技大学、浙江工业大学等 14 所不同高校,样本数据分散,具有较好的代表性。

(二)性别

被访留学生中男学生为 262 人,占比 58.5％,女学生为 186 人,占比 41.5％,男女比例约为 1.4∶1,说明在留学生群体中,男生占比较高。

(三)年龄

由表 4-8 可以看出,被访留学生年龄分布从 18 岁至 40 岁,其中 21 岁人数最多,占比 13.4％,23 岁次之,占比 10.9％,39 岁及 40 岁人数最少,年龄集中分布在 20 岁至 27 岁,符合留学生年龄区间,样本具有较好的代表性。

表 4-8　年龄分布

年龄/岁	频数	百分比/％	累计百分比/％
18	11	2.5	2.5
19	39	8.7	11.2
20	38	8.5	19.6
21	60	13.4	33.0
22	56	12.5	45.5
23	49	10.9	56.5
24	34	7.6	64.1

年龄/岁	频数	百分比	累计百分比
25	43	9.6	73.7
26	27	6.0	79.7
27	13	2.9	82.6
28	15	3.3	85.9
29	10	2.2	88.2
30	5	1.1	89.3
31	13	2.9	92.2
32	5	1.1	93.3
33	7	1.6	94.9
34	5	1.1	96.0
35	7	1.6	97.5
37	3	0.7	98.2
38	6	1.3	99.6
39	1	0.2	99.8
40	1	0.2	100.0

（四）来华时间

由表 4-9 中数据可知,被访留学生来华时间 1—5 年居多,其中来华 2 年的人数最多,占比 21.4%,来华 1 年和来华 3 年的人数次之,还有少部分在华出生或自幼在华长大的学生,但占比较小,不超过被调查总数的 5%。被访留学生平均在华时间为3.95年,总体而言样本有较好代表性。

表 4-9　来华时间频数分布

来华时间/年	频数	百分比/%	累计百分比/%
1	75	16.7	16.7
2	96	21.4	38.2
3	82	18.3	56.5
4	70	15.6	72.1
5	42	9.4	81.5
6	20	4.5	85.9

续表

来华时间/年	频数	百分比/%	累计百分比/%
7	16	3.6	89.5
8	17	3.8	93.3
10	13	2.9	96.2
12	2	0.4	96.7
13	2	0.4	97.1
15	3	0.7	97.8
16	6	1.3	99.1
19	4	0.9	100.0

二、留学生社交情况分析

留学生与中国青年交往的总体情况如图 4-3 所示。在接受调查的 448 名在杭留学生中,有 10 个以上中国朋友的有 133 人。就交往难易程度来看,44.9% 的留学生认为认识中国朋友没有困难,但超过 50% 的留学生认为存在一定程度上的困难(见图 4-4)。

同时,在已有数据的基础上,进一步分析留学生的社交结构,即本国朋友、中国朋友、其他国家朋友的比例。去除部分极端值后,对各类朋友占比求均值发现,留学生本国朋友占比最大,高达 49.6%,其他国家朋友占比29.2%,中国朋友占比 21.2%。可见对于留学生来说,其社交圈的重心在于本国朋友,中国朋友与其他国家朋友差异不太明显。

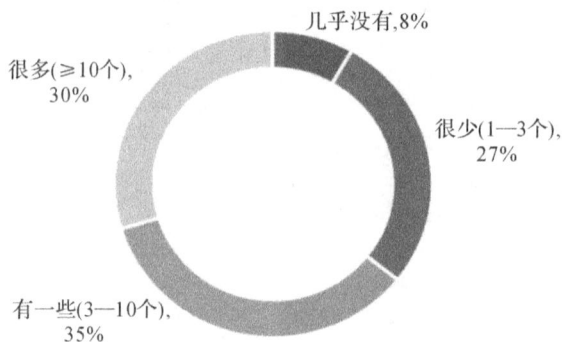

图 4-3　中国朋友数量

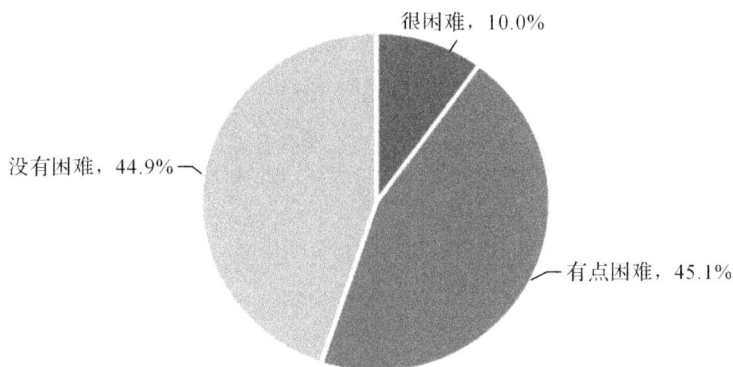

图 4-4 认识中国朋友的困难程度

对于与杭州朋友交往的愉悦度，65.4％的被访留学生认为愉悦度越来越高，31.0％的被访留学生认为愉悦度没有明显变化，3.6％的被访留学生认为愉悦度越来越低，青年形象的总体趋势在不断变化，但仍有提升空间。

三、留学生社交目的分析

由图 4-5 中数据可知，被访留学生的社交目的以提升中文能力、了解中国文化为主，从而满足其扩充人脉、融入中国生活等其他需求。

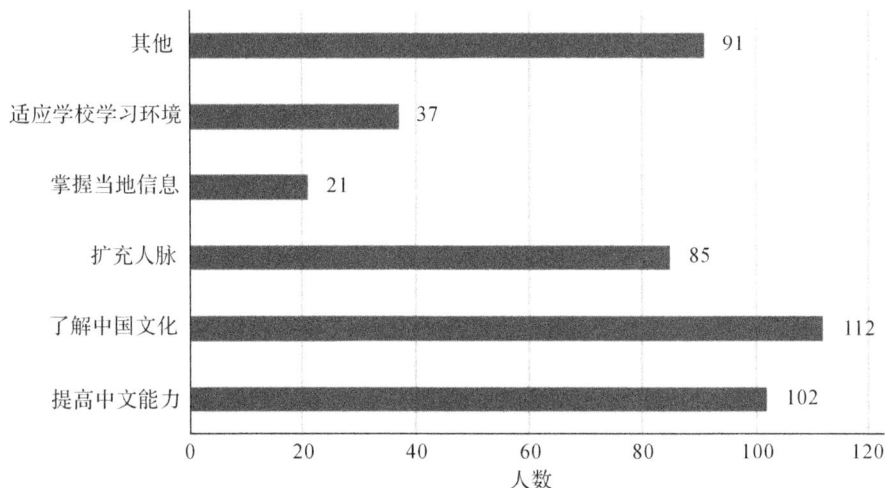

图 4-5 社交目的

对于与中国朋友的社交方式,从表4-10可以发现,"志愿活动"和"朋友聚餐"是留学生认识中国朋友的主要方式,两者占比接近50%,此外,留学生通常通过"线下文化沙龙""家庭做客"等途径,融入中国学生的学习生活。

表4-10　社交方式频数分布

社交方式	频数	百分比/%
线下文化沙龙	57	12.72
线上聊天	46	10.27
朋友聚餐	123	27.46
网络游戏	10	2.23
志愿活动	93	20.76
家庭做客	57	12.72
其他	62	13.84

四、留学生社交形象评价分析

(一)社交形象总体满意度

对于杭州青年的社交形象,本研究首先收集了被访留学生对杭州青年的总体评价,具体分为"很满意""满意""一般""不满意""很不满意"五个等级,在此基础上,将杭州青年社交形象具体分为视觉形象(包括仪容、仪表、仪态)和精神形象(包括精神风貌和人格品质)两个部分,其中前者包含面部清洁、着装得体等17项内容,后者包含自信大方、积极向上等10项内容。具体数据分析结果如表4-11所示。

表4-11　杭州青年社交形象总体满意度评价

评价	频数	百分比/%	累计百分比/%
很满意	196	43.8	43.8
满意	172	38.4	82.1
一般	69	15.4	97.5
不满意	10	2.2	99.8
很不满意	1	0.2	100.0

从表 4-11 中的数据可以直观发现,被访留学生对杭州青年社交形象总体满意度较高,82.1％的留学生表示与杭州青年的交往较为满意和顺利。少部分留学生表示仍存在相处不顺利甚至感到不适的情况。

这里,将杭州青年社交形象的总体满意度评价与被访留学生认识中国朋友的数量进行列联分析,得到的结果如表 4-12 所示。

表 4-12　总体满意度与认识中国朋友数列联分析

		几乎没有	很少(1—3 个)	有一些(3—10 个)	很多(≥10 个)
很满意	频数	7	36	76	77
	百分比	3.57％	18.37％	38.78％	39.29％
满意	频数	14	64	54	40
	百分比	8.14％	37.21％	31.40％	23.26％
一般	频数	11	20	22	16
	百分比	15.94％	28.99％	31.88％	23.19％
不满意	频数	4	3	3	0
	百分比	40.00％	30.00％	30.00％	0.00％
很不满意	频数	1	0	0	0
	百分比	100.00％	0.00％	0.00％	0.00％

由表 4-12 可知,利用卡方统计量检验杭州青年社交形象总体满意度与被访留学生中国朋友数之间的独立性,结果显示卡方检验 p 值为 $0.00 < 0.05$,故拒绝原假设,即杭州青年社交形象的总体满意度与被访留学生中国朋友数之间存在显著关联性。中国朋友数量越多的留学生,对杭州青年社交形象的总体满意度越高。

(二)杭州青年形象满意度

通过满意度分析量表,将被访留学生对杭州青年视觉形象和精神形象两个方面共 27 条项目的评价进行汇总,通过频数分析计算出很不满意、不满意、一般、满意、很满意五个等级所占百分比。按照国际惯例,对满意度评价的五个等级进行赋值,即"很满意"赋值为 100 分,"满意"赋值为 80 分,"一般"赋值为 60 分,"不满意"赋值为 30 分,"很不满意"赋值为 0 分,按照很满意占比×100＋满意占比×80＋一般占比×60＋不满意占比×30＋很不满意占比×0进行计算,各项得分如表 4-13 所示。

表 4-13　满意度评分

项目		很不满意/%	不满意/%	一般/%	满意/%	很满意/%	得分
总体满意度		0.2	2.2	15.4	38.4	43.8	84.42
视觉形象	面部清洁	0.5	1.8	23.3	41.6	32.9	80.70
	口腔清洁	1.8	11	28.3	33.8	25.1	72.42
	眼部清洁	0.9	2.3	22.8	40.6	33.3	80.15
	体味处理	3.2	7.8	25.1	36.5	27.4	74.00
	颈部清洁	1.4	4.1	24.7	38.8	31.1	78.19
	发型修饰	1.4	4.1	22.4	34.2	37.9	79.93
	妆容规范	2.3	4.1	23.3	36.1	34.2	78.29
	着装得体	0.9	4.1	20.1	38.4	36.5	80.51
	见面礼仪	2.3	6.4	22.8	35.2	33.3	77.06
	表情管理	2.3	4.6	31.1	34.2	27.9	75.30
	交谈对话	2.7	8.2	29.2	30.1	29.7	73.76
	微笑礼仪	0.9	3.7	24.7	37.4	33.3	79.15
	坐蹲站姿	0.9	2.7	28.3	38.8	29.2	78.03
	行姿规范	1.8	3.2	26	37.9	31.1	77.98
	手势礼仪	1.8	3.2	28.8	37	29.2	77.04
	致意礼节	0.9	4.6	24.7	40.6	29.2	77.88
	交谈距离	3.2	4.1	26.5	39.7	26.5	75.39
精神形象	自信大方	0.9	5.9	24.7	34.2	34.2	78.15
	积极向上	1.8	1.8	19.6	39.7	37	81.06
	眼神状态	0.9	4.1	25.6	37.9	31.5	78.41
	乐于助人	2.7	5.5	23.3	32.4	36.1	77.65
	文化底蕴	0.9	4.6	17.4	38.4	38.8	81.34
	谦和好礼	0.9	3.2	20.5	42.9	32.4	79.98
	尊老爱幼	2.7	2.3	16.4	36.1	42.5	81.91
	诚实守信	1.8	4.6	18.7	35.2	39.7	80.46
	勤劳节俭	0.9	1.4	23.3	37	37.4	81.4
	有责任感	1.4	2.3	14.2	34.2	47.9	84.47

总体来看,对社交形象中的 27 项指标,满意及以上的比例平均达到 70.53%,低于总体满意度。就最后得分而言,单项指标得分普遍低于总体满意度,可见,青年社交形象还有较大提升空间。

　　就视觉形象和精神形象比较而言,精神形象指标得分普遍高于视觉形象指标得分。

　　就视觉形象而言,发型修饰、着装得体及面部清洁等得到了较高评价,口腔清洁、体味处理、交谈对话处理等评价较低。

　　就精神形象而言,有责任感、尊老爱幼、文化底蕴等人格品质方面得到了较高评价,而自信大方、眼神状态、乐于助人等方面评价相对较低。

　　(三)杭州青年社交形象因子分析

　　1. 视觉形象:仪容、仪表、仪态

　　(1)信度检验。由表 4-14 可知,标准化后克隆巴赫 α 系数为 0.955>0.850,对于社会调查来说,具有较高可信度。

表 4-14　视觉形象指标信度检验

克隆巴赫 α 系数	基于标准化项的克隆巴赫 α 系数	项数
0.955	0.957	17

　　(2)效度分析。由表 4-15 可得,KMO 值为 0.928>0.700,适合做因子分析。同时在 Bartlett 球形检验中,$p<0.05$,说明各变量之间具有相关性,因子分析可行。

表 4-15　视觉形象指标效度分析

KMO 取样适切性量数		0.928
Bartlett 球形检验	χ^2	2963.195
	df	136
	p	0.000

　　(3)建立因子分析模型。由表 4-16 可以看出,前 4 个因子的累计方差贡献率为 74.883%。可见取前 4 个因子时,已提取了各原始变量接近 75% 的信息,满足需求。

表 4-16　视觉形象因子分析模型

成分	初始特征值			提取载荷平方和			旋转载荷平方和		
	总计	方差百分比	累计/%	总计	方差百分比	累计/%	总计	方差百分比	累计/%
1	10.063	59.193	59.193	10.063	59.193	59.193	3.831	22.537	22.537
2	1.192	7.011	66.203	1.192	7.011	66.203	3.116	18.327	40.865
3	0.809	4.762	70.965	0.809	4.762	70.965	2.969	17.464	58.329
4	0.666	3.918	74.883	0.666	3.918	74.883	2.814	16.554	74.883
5	0.594	3.493	78.376						
6	0.486	2.858	81.234						
7	0.461	2.712	83.946						
8	0.426	2.505	86.451						
9	0.403	2.369	88.820						
10	0.351	2.066	90.886						
11	0.324	1.906	92.792						
12	0.307	1.806	94.598						
13	0.270	1.589	96.187						
14	0.229	1.347	97.534						
15	0.165	0.972	98.506						
16	0.149	0.879	99.385						
17	0.105	0.615	100.000						

　　由表 4-17 可得,各个公共因子与以下因素密切相关:第一个公共因子 F1 主要解释坐蹲站姿、行姿规范、手势礼仪等仪态规范,可命名为姿态礼仪因子。第二个公共因子 F2 主要解释见面礼仪、表情管理、交谈对话等交流过程中的礼仪,可以命名为交谈礼仪因子。第三个公共因子 F3 主要解释口腔清洁、体味处理、颈部清洁等卫生习惯,可命名为个人卫生因子。第四个公共因子 F4 主要解释面部清洁、发型修饰、妆容规范等妆容妆貌情况,可命名为妆容妆貌因子。

表 4-17　视觉形象主成分分析

项目	成分			
	1	2	3	4
面部清洁	0.321	0.177	0.483	0.605
口腔清洁	0.163	0.510	0.668	0.142
眼部清洁	0.405	0.195	0.502	0.528
体味处理	0.246	0.176	0.803	0.207
颈部清洁	0.312	0.159	0.767	0.372
发型修饰	0.370	0.115	0.358	0.625
妆容规范	0.187	0.285	0.145	0.829
着装得体	0.391	0.427	0.270	0.482
见面礼仪	0.257	0.789	0.109	0.293
表情管理	0.356	0.765	0.204	0.241
交谈对话	0.352	0.706	0.294	0.087
微笑礼仪	0.596	0.492	0.241	0.168
坐蹲站姿	0.648	0.348	0.314	0.349
行姿规范	0.830	0.266	0.226	0.192
手势礼仪	0.728	0.371	0.160	0.348
致意礼节	0.623	0.320	0.304	0.365
交谈距离	0.597	0.271	0.342	0.258

由表 4-18 可知,前 4 个因子解释了被访留学生对杭州青年仪容、仪表、仪态评价 74.883% 的信息。其中 F1 解释了 22.537% 的评价信息,表明杭州青年的仪态礼仪是影响留学生对杭州青年视觉形象评价的首要因素,规范的坐蹲站姿、大方的行走姿态、恰当的手势动作有利于青年社交形象的进一步提升;F2 解释了 18.327% 的评价信息,表明交谈过程中的打招呼、表情、对话也是影响青年视觉形象的重要因素;F3 解释了 17.464% 的评价信息,口腔清洁、体味处理、颈部清洁等个人卫生习惯,同样会对青年视觉形象产生一定程度的影响;F4 解释了 16.554% 的评价信息,说明面部清洁、发型妆容等的提升,将对青年视觉形象的提升产生促进作用。

表 4-18 视觉形象因子贡献度统计

编号	因子名称	因子名称	主因子			
			1	2	3	4
F1	姿态礼仪因子	坐蹲站姿	0.648			
		行姿规范	0.830			
		手势礼仪	0.728			
F2	交谈礼仪因子	见面礼仪		0.789		
		表情管理		0.765		
		交谈对话		0.706		
F3	个人卫生因子	口腔清洁			0.668	
		体味处理			0.803	
		颈部清洁			0.767	
F4	妆容妆貌因子	面部清洁				0.605
		发型修饰				0.625
		妆容规范				0.829
方差贡献率/%			22.537	18.327	17.464	16.554
累计方差贡献率/%			22.537	40.864	58.329	74.883

2. 精神形象

(1)信度检验。由表 4-19 可知,标准化后克隆巴赫 α 系数为 0.939＞0.850,对于社会调查来说,具有较高可信度。

表 4-19 精神形象指标信度检验

克隆巴赫 α 系数	基于标准化项的克隆巴赫 α 系数	项数
0.939	0.940	10

(2)效度分析。由表 4-20 可得,KMO 值为 0.931＞0.700,适合做因子分析。同时在 Bartlett 球形检验中,$p < 0.05$,说明各变量之间具有相关性,因子分析可行。

表 4-20　精神形象指标效度分析

KMO 取样适切性量数		0.931
Bartlett 球形检验	χ^2	1587.348
	df	45
	p	0.000

（3）建立因子分析模型。由表 4-21 可以看出，前 2 个因子的累计方差贡献率为 71.751%。可见取前 2 个因子时，已提取了各原始变量超过 70% 的信息，满足需求。

表 4-21　精神形象因子分析模型

成分	初始特征值			提取载荷平方和			旋转载荷平方和		
	总计	方差百分比	累计/%	总计	方差百分比	累计/%	总计	方差百分比	累计/%
1	6.504	65.038	65.038	6.504	65.038	65.038	3.670	36.698	36.698
2	0.671	6.714	71.751	0.671	6.714	71.751	3.505	35.053	71.751
3	0.554	5.537	77.288						
4	0.497	4.971	82.260						
5	0.461	4.609	86.869						
6	0.378	3.784	90.653						
7	0.274	2.740	93.393						
8	0.259	2.589	95.982						
9	0.215	2.153	98.135						
10	0.187	1.865	100.000						

由表 4-22 可得，各个公共因子与以下因素密切相关：第一个公共因子 F1 主要解释眼神状态、文化底蕴、积极向上等精神面貌，可以命名为精神面貌因子。第二个公共因子 F2 主要解释诚实守信、有责任感、尊老爱幼等传统美德，可以命名为美德担当因子。

表 4-22　精神形象主成分分析

精神状态	成分	
	1	2
自信大方	0.631	0.463
积极向上	0.722	0.454
眼神状态	0.818	0.376
乐于助人	0.661	0.477
文化底蕴	0.814	0.214
谦和好礼	0.577	0.633
尊老爱幼	0.347	0.779
诚实守信	0.289	0.818
勤劳节俭	0.556	0.601
有责任感	0.366	0.795

　　由表 4-23 可知,前两个因子解释了被访留学生对杭州青年精神状态评价71.751%的信息。其中 F1 解释了 36.698%的评价信息,表明眼神状态、文化底蕴及积极向上的精神面貌是影响杭州青年精神形象的首要因素;F2 解释了35.053%的评价信息,表明诚实守信、有责任感、尊老爱幼等传统美德也是影响青年精神形象的重要因素。

表 4-23　精神形象因子贡献度统计

编号	因子名称	因子名称	主因子	
			1	2
F1	精神面貌因子	眼神状态	0.818	
		文化底蕴	0.814	
		积极向上	0.722	
F2	美德担当因子	诚实守信		0818
		有责任感		0.795
		尊老爱幼		0.779
	方差贡献率/%		36.698	35.053
	累计方差贡献率/%		36.698	71.751

（四）基于因子分析的校际对比分析

将上述因子分析所得到的 6 个因子按照学校进行满意度评分（方法同上），把 6 个因子所包含的 18 个项目进行横向对比，得到的结果如表 4-24 所示。

表 4-24　主要因子校际横向对比

主要因子		满意度得分					
		浙江大学	浙江科技学院	杭州电子科技大学	浙江农林大学	中国计量大学	浙江中医药大学
姿态礼仪因子	坐蹲站姿	80.16	77.29	78.44	79.36	76.84	76.09
	行姿规范	78.95	78.17	79.2	76.55	76.3	78.71
	手势礼仪	81.4	76.92	75.28	76.37	75.7	76.57
	平均分	80.17	77.46	77.64	77.43	76.28	77.12
交谈礼仪因子	见面礼仪	84.63	75.39	75.22	75.5	76.83	74.79
	表情管理	75.08	76.29	75.3	74.69	75.57	74.87
	交谈对话	77.52	73.88	72.64	72.72	73.97	71.83
	平均分	79.08	75.19	74.39	74.30	75.46	73.83
个人卫生因子	口腔清洁	74.04	72.49	72.71	71.03	71.92	72.33
	体味处理	74.65	73.98	74.22	73.86	73.62	73.67
	颈部清洁	78.6	78.72	77.94	77.82	78.04	78.02
	平均分	75.76	75.06	74.96	74.24	74.53	74.67
妆容妆貌因子	面部清洁	80.91	80.67	80.93	80.84	80.02	80.83
	发型修饰	79.83	79.91	79.51	80.12	79.73	80.48
	妆容规范	79.11	78.31	79.2	77.84	78.12	77.16
	平均分	79.95	79.63	79.88	79.6	79.29	79.49
精神面貌因子	眼神状态	78.2	78.94	77.63	78.06	78.12	79.51
	文化底蕴	84.78	81.3	81.21	79.96	79.79	81
	积极向上	82.09	81.97	79.66	81.23	79.42	81.99
	平均分	81.69	80.74	79.5	79.75	79.11	80.83
美德担当因子	诚实守信	81.88	79.24	81.02	82.43	79.13	79.06
	有责任感	84.73	83.92	85.54	84.01	84.42	84.2
	尊老爱幼	83.26	80.26	79.82	82.59	81.67	83.86
	平均分	83.29	81.14	82.13	83.01	81.74	82.37

从表 4-24 中不难发现,不同学校的留学生对杭州青年形象的评价总体有细微的差别,其中,浙江大学留学生平均满意度最高,尤其是在视觉形象中的姿态礼仪因子、交谈礼仪因子得分较高。就细化指标而言,浙江大学留学生在坐蹲站姿、手势礼仪、交谈对话、见面礼仪、文化底蕴等方面的评分明显高于其他学校。

第四节　结论与意见建议

研究发现:(1)在杭留学生对杭州青年社交形象总体满意度评价较高,其与留学生的中国朋友数之间存在显著关联性。82.1%留学生表示与中国朋友的交往较为满意和顺利,仅有 2.40%的留学生表示不满意和非常不满意。中国朋友数量越多的留学生,对杭州青年社交形象的总体满意度越高。(2)杭州青年社交形象还存在较大提升空间。细化指标显示,社交形象的 27 项指标平均满意度得分为 78.75 分,低于总体满意度,单项得分普遍低于总体满意度。就两个维度对比发现,精神形象指标平均得分 80.48 分,远高于视觉形象。其中,在视觉形象的 17 个指标中,发型修饰、着装得体及面部清洁得分相对较高;口腔清洁、体味处理、交谈对话、表情管理、手势礼仪得分较低。在精神形象的 10 个指标中,有责任感、尊老爱幼、文化底蕴、勤俭节约得分较高,自信大方、眼神状态、乐于助人、谦和方面得分较低。(3)杭州青年社交形象评价存在校际差异。其中,浙江大学青年社交形象得分最高,尤其是在视觉形象中的姿态礼仪因子(80.17)、交谈礼仪因子(79.08)得分较高,均高于其他学校。

基于上述研究,针对如何提升杭州青年社交形象,提出以下几点建议。

第一,加强青年与外国留学生的交流,提升青年总体社交形象。调查发现,因交流有限、了解不足,不少留学生对我国青年还存在刻板印象,这在一定程度上影响了留学生对杭州青年社交形象的准确判断。从统计结果来看,杭州青年社交形象总体满意度与留学生中国朋友数量之间存在显著关联性,中国朋友数量越多的留学生,对杭州青年社交形象的总体满意度越高,因此,加强杭州青年与留学生的交流,可以有效提升青年总体社交形象。一是推动留学生管理制度创新,实现留学生与中国学生趋同管理,为留学生与中国学生交流创造更为便利的条件。如探索留学生和中国学生混住管理模式、强化留学生与中国学生思政协同等。二是搭建多维交流平台,引导留学生加入学生社团,组织沙龙、舞会、志愿服务等线下交流活动,打造线上交流论坛,拓展留学生社交圈。

第二,推动青年社交形象的提升,重点加强青年视觉形象的培养和塑造。从杭州青年社交形象的各细化指标来看,留学生对青年视觉形象的评价普遍较低,因此,提升视觉形象是提升青年社交形象总体满意度的重中之重。一是完善视觉形象管理课程培养体系。从目前高校试点视觉形象管理课程的情况来看,该课程较为实用,受到学生的青睐。建议快速推进视觉形象管理课程的必修化,不断优化、改革视觉形象管理类通识课,丰富相关课外读物与网络资源,加强相关知识的普及式教育,让高校青年深刻认识到视觉形象管理的重要性。二是探索小班化实践课教育模式。小班化实践课可以更有针对性地帮助学生提升能力,通过第二课堂,引入社会培训机构中视觉形象课程的内容和形式,定期邀请校外礼仪、穿搭、设计等方面的知名人士教授课程,加强视觉形象实践课程的开发,提高课程的趣味性和实战性。

第三,提高青年社交形象塑造的针对性,补齐青年社交形象短板。除了在青年视觉形象管理课程培养体系的构建和教育模式的探索之外,还需要在内容和形式上提高青年社交形象塑造的针对性。从调研情况来看,需要重点从基本社交仪态、场合着装、妆容仪表等方面提升青年社交形象。一是要注重仪式教育。以典礼、表彰大会等活动为契机,提升校园活动的仪式感,同时将视觉形象管理课程纳入社会实践、志愿服务、大型赛事等的培训内容。二是要周期性开展青年视觉形象管理知识普及活动。在新生入学、实习实训、毕业求职等关键时间节点,通过新媒体平台、线下公益讲座、专题培训班等形式组织开展青年视觉形象管理知识普及活动。

第四,构建高校礼仪素养培育工作队伍,提高高校礼仪素养培养能力。高校不仅是青年展现国际社交形象的主要场所,也是学生习得礼仪和练习社交最好的环境之一,但当前高校面临着学生礼仪素养培育力量薄弱的问题。一是探索成立高校青年礼仪素养培育机构。在进一步加强和改进新时代大学生美育工作的背景下,要充分挖掘并整合现有教学资源和力量,成立专门的礼仪素养培育机构,为构建高校青年礼仪素养培育体系提供组织支撑。二是加强礼仪素养培育师资建设。除发挥现有礼仪相关专业教师的作用外,还可以将辅导员视作高校礼仪素养培育师资的重要力量,通过成立辅导员工作室等方式,对辅导员进行专业化培养,不断充实和强化高校礼仪素养培育师资队伍。三是推动青年礼仪素养培育的规范化和专业化。加强对高校青年礼仪素养培育教师的指导和激励,鼓励教师开设礼仪素养相关课程、编写教材,进一步提高高校青年礼仪素养培育工作的规范化和专业化水平。

第五,德育美育相结合,加强高校青年文化自信,提升内在精神形象。培养人的审美情趣和艺术欣赏力是高校教育的重要一环,不论在哪个国家都是青年教育与培养的重要目标。在开展高校青年礼仪素养培育工作中,要引导学生正确地感知美,提升审美感与欣赏力,从而激发创造性,拥有追求美、创造美的意识和能力。更要始终坚持"德礼相济"的原则,将德育和美育相结合,坚持学生品德教育与社交礼仪培养相融合,在礼仪素养培育中注重品德教育。

第五章 我国专业礼仪与形象管理培训

礼仪是宣示价值观、教化人民的有效方式。礼仪是个人文化素养、思想道德水平的外在表现,亦是一个国家社会文明、国民道德水平的反映。不断提升人民群众的文明素养,需要积极推进礼仪教育,以推动全社会形成适应新时代要求的思想观念、精神面貌、文明风尚及行为规范。而加强我国礼仪教育,提升社会文明程度,要以建立全面的礼仪制度为重要基础。一方面,应继承和发扬中华优秀传统文化,塑造"礼仪之邦"的大国形象;另一方面,要立足于当代的社会实际,以社会主义核心价值观为重要指引,打造具有中国特色的礼仪教育,彰显兼具以爱国主义为核心的民族精神和以改革创新为核心的时代精神的中华礼仪。与此同时,礼仪教育不能片面化,既要制定面向全社会的普适性礼仪规范,也要完善针对不同行业、不同人群的礼仪制度,充分利用现代新媒体技术,使礼仪的表达及呈现方式创新化、多样化及大众化。

在此背景下,各大高校纷纷贯彻落实习近平总书记的讲话,开展高校青年礼仪教育。对于高校青年而言,礼仪是个人基本素质的体现,也是步入社会的基本要求。对高校青年开展系统的礼仪教育,不仅能丰富青年相关知识,也能提升个人形象,使其掌握社会交往的行为规范,更好地融入社会生活。同时,丰富的礼仪知识和较好的礼仪形象,也能为其今后的生活和工作添砖加瓦。德育是高校培养的重中之重,因此高等教育改革更应注重推进礼仪教育,而学校作为社会的一部分,其开展礼仪教育,加强对学生的礼仪素质培养,亦是为社会培养高素质人才。这一举措,既有利于高校青年素质提升,也有利于提升社会整体精神风貌,具有重要的现实意义。

然而,在多种限制性因素的影响下,高校青年的礼仪素养与其文化素养发展不协调,与全方位发展的新时代好青年要求存在偏差。因此,响应习近平总书记的号召,探索高校青年礼仪素养提升路径,培养全方位高素质新青年,是目前高校教育工作者亟须解决的问题。基于此,本章立足高校青年的礼仪与形象管理,从社会培训、浙江大学"博雅修身"计划、杭州电子科技大学等高校礼仪与形象培训计划三个方面出发,分析现实案例,从中获取高校青年礼仪与形象管理的相关经验,力求在高校青年礼仪与形象管理方面积累更多经验,培育更多全方面、高素质人才。

第一节　大型国际赛事志愿者礼仪与形象管理培训现状及经验

近年来,随着我国社会经济的全面快速发展,我国开始承办各类大型综合赛事。志愿服务作为赛事组织管理的重要组成部分,在赛事过程中发挥着不可替代的作用。各类岗位的志愿者经过系统严格的培训,为赛事提供优质的志愿服务,他们专业的服务态度及良好的礼仪素养,向世界展现了我国的大国风采。而礼仪志愿者作为赛场上出镜率最高的志愿者,他们的仪态、仪表等都具有重要的影响力和象征意义,他们不仅能展现我国的礼仪规范,同时也是民族文化的形象大使。各类赛事的志愿者总体应遵守以下原则。

(1)尊重原则。"尊重"是礼仪的核心思想。志愿者在赛事志愿服务尤其是助残服务中,不仅要尊重服务对象的文化习惯、特性爱好,更要尊重其人格尊严、宗教信仰等。此外在服务他人的过程中,也应自尊自爱,展现出不卑不亢、自信大方的风采。

(2)真诚原则。苏格拉底曾言:"不要靠馈赠来获得一个朋友,你须贡献你诚挚的爱,学习怎样用正当的方法来赢得一个人的心。"可见,志愿者只有真诚对待服务对象,才能使自己所提供的服务更好地被对方所接受和认可,从而创造和谐愉快的服务关系。真诚是一种不说谎,对人对事真心实意、实事求是的态度。

(3)平等原则。平等是志愿服务的心理基础,包括两个部分,一是对所有服务对象一视同仁,不以貌取人,不厚此薄彼;二是志愿者与服务对象是平等的,志愿服务是为他人提供便利服务,展现个人风采的公益活动,所有人在人格上是平等的,不要妄自菲薄,也不能妄自尊大。

(4)适度原则。志愿者在接待各方来客、尽地主之谊的同时,也应把握好热情待人的分寸,做到大方有度,具体表现为"三度":尊重对方所接受的行为限度,举止有度;保持双方交流的距离,距离有度;保证双方交流的话题处于合理范围,关心有度。在志愿服务过程中,既要做到严于律己,尊重他人个人行动和独立进行自我判断的自由,更要宽以待人,学会与服务对象换位思考,理

86

解他人、体谅他人,尊重文化差异。

(5)从俗原则。不同的民族、地区、文化背景,会带来各具特色的生活习惯和民俗规约。因此,在服务前,志愿者应接受系统的培训,全面学习国内主要地区和国外主要国家的风俗、习惯,以及宗教禁忌等方面的知识,提前做好准备,有效规避可能引起的尴尬或者麻烦。

一、大型国际赛事志愿者礼仪与形象管理培训的内容及特点

本书主要列举近几年比较有影响力的国际赛事,来总体把握大型赛事高校志愿者的礼仪与形象。其中以亚运会为例展开详细说明。

(一)各大赛事

1. 北京冬奥会及冬残奥会

备受社会各界关注的北京冬奥会于 2022 年 2 月 4 日正式拉开序幕,除了在赛场上挑战极限、超越自我的运动员,志愿者也是一道亮丽的风景线。北京冬奥会开幕以来,志愿者用专业热情的志愿服务温暖赛场内外,谱写了许多温馨感人、团结友爱的佳话。颁奖场上,身着瑞雪祥云、鸿运山水、唐花飞雪三套颁奖服饰的礼仪志愿者,将"中国之美"展现得淋漓尽致。北京 2022 年冬奥会让全世界看到中国人的精神面貌,体会东方的优雅。礼仪志愿者用最美的姿态呈现运动员的高光时刻,展现中国青年的风采。

志愿者顺利上岗之前,必须进行专业、系统的培训。2020 年 7 月,在北京冬奥组委的统筹协调下,共设计出包括四个阶段的培训体系,由志愿者部整合线上、线下资源,指导高校和各体育场馆对志愿者进行集中培训。通过各类培训活动,1.9 万名志愿者努力学习专业知识,在"相约北京"系列测试赛中,熟悉了各比赛环节,明确了自己的职能和职责,掌握了工作范围和工作要领。

尤其值得一提的是,北京冬奥组委还打造了一支 270 余人的志愿者培训师队伍,他们是志愿服务的实践者和先行者。在志愿者礼仪培训指导师刘雯看来,运动员不仅在赛场上展示了自己的高光时刻,背后更是代表了国家,为国争荣誉、为梦想而战。而我们要通过礼仪志愿者的专业素养与优雅形象,传递出对运动员崇高的敬意。在国际奥委会的要求下,培训团队的全体成员一起积极探索创新。在培训中,除惯有的体态、标准技术动作、颁奖流程和国际礼仪等培训外,更是将中国经典著作《诗经》《论语》的内容融入培训中,由表及里实现礼仪志愿者的行为养成。

2. 杭州 G20 峰会

杭州 G20 峰会除了面向社会招募志愿者,还面向浙江大学、浙江工业大学等高校定点招募志愿者,共有 26266 名师生实名注册并报名,经首轮面试,产生了 6000 名预招募志愿者。志愿者通用培训正式启动后,在浙江大学、浙江工业大学等定点招募高校陆续开展 28 场培训。

志愿者通用培训内容涵盖志愿者基础理念、礼仪形象管理、国家外交、杭州历史文化、医疗急救及峰会知识等,授课人员为相关高校及研究机构的专家学者、120 急救中心的专家、杭州市金牌导游等。培训通过讲座授课、实践模拟、经验分享等形式,提升志愿者综合素质,以保障 G20 峰会志愿服务的专业水平。同时,各大高校还结合学校性质及专业特色,自行开展自主培训。例如杭州师范大学针对普通志愿者和骨干志愿者,分别开设通用和优化两类自主培训,还充分利用学校学生组织、社团等,开展心理教育讲座、素质拓展等各类培训。

通用培训结束后,各大高校再通过实战演练、模拟场景等形式进行第二轮筛选,选拔出 4500 名志愿者,进入最终面试环节。由峰会卫生与医疗志愿服务部邀请专业的心理机构,对 4500 名志愿者进行抗压能力测试,根据每个人的性格特点初步分配岗位。

最后,卫生与医疗志愿服务部委托专业机构对志愿者进行脱业测试,根据每个志愿者的性格、外语能力、实战演练情况,选拔出 3000 名峰会志愿者。95％志愿者的英语水平在四级以上,还有一些人会德语、法语、西班牙语、阿拉伯语、印尼语等。

2016 年 3 月开始,杭州市团委和各高校共组织开展了百余场以志愿服务理念、公关礼仪、峰会情况、国家外交等为主要内容的志愿者培训,并结合亚组委会成立大会、动漫节、G20 峰会劳工就业部长会议等活动契机,让"小青荷"进行岗位实战。在分配岗位时,更是以发挥"小青荷"自身优势为主要前提。

同时,杭州团市委成立了"国际友人志愿服务团",面向来自美国、俄罗斯、意大利、韩国、乌克兰、印尼等国家的 50 多名高校国际留学生和外籍教师选拔了 25 名国际志愿者代表。他们大部分能用中文交流,并热爱中国文化,通过参与"微笑亭"、动漫节、多语言平台翻译等志愿服务,帮助有需要的人,提升杭州国际化水平。

3. 杭州亚运会

为更好地服务亚运会,提高服务质量,除了志愿者通用培训外,全国职业核心能力认证办公室在杭州举办核心能力高级政务礼仪指导培训班;杭州亚组委开展杭州亚运会国际文明礼仪大赛,注重理论与实战、亚运会与文化的融合,分城市文明礼仪序列和赛事服务礼仪序列,既考查选手对杭州文化、亚运精神的理解,也考量其对文明与礼仪的具体应用。

对于志愿者的专项礼仪培训,同样通过培训手册、大讲座、小团体辅导等形式,内容涵盖了仪容、仪表、仪态、文明用语、行为规范、国际礼仪等,还专门针对如何有效地开展沟通交流、如何面对媒体等进行语言和应用礼仪强化培训,也注重对志愿者心理素质和精神风貌的培训。

(二)大型国际赛事志愿者礼仪与形象管理培训一般流程

由上述案例可知,大型国际赛事志愿者培训主要分为语言培训、综合素质培训及礼仪培训三个方面,其中礼仪与形象管理培训较为重要。

通过对近年来我国举办的大型国际赛事进行综合分析,总结出以下志愿者礼仪与形象管理培训流程,如表5-1所示。

表5-1 大型国际赛事志愿者礼仪与形象管理培训常规流程

工作内容	备注
成立培训工作小组	全面规划志愿者培训工作
成立培训考核小组	
培训师资队伍组建宣传	
师资队伍成员选拔和资料审核	
开展座谈会	交流培训计划和发放教材
教材制作和印刷	
实践培训	
志愿者动员大会	
志愿者培训考核	

1. 培训原则

(1)理论培训与实践培训相结合。既要重视赛事有关知识、志愿服务礼仪、各国家文化风俗、应急处理等理论培训,也不能忽视实践培训,推动志愿者在实践过程中将理论知识内化于心、外化于形。

(2)通用培训与专业培训相结合。通用培训会提供每个志愿者都需要掌握的基础知识,但也要针对不同岗位、不同场合的志愿服务提供专业化、实用性的培训。

(3)骨干培训和大众培训相结合。对所有志愿者进行大众化通用培训,并对骨干志愿者提供重点指导,提高其统筹管理能力。

(4)自主培训和组织培训相结合。利用讲师团队、骨干志愿者、各级社会单位、高校,通过远程教学、讲座授课等方式组织志愿者培训;与此同时加大宣传,提高大众关注度,以此激发志愿者热情,让志愿者积极主动根据自身需求,利用互联网了解学习相关知识。

(5)组委会培训师与各高校专业老师相结合。组委会培训师团队可以提供系统化、通用型的知识培训,但由于志愿者人数庞大,难以做到面面俱到,因此要利用好高校专业老师,结合各高校实际情况,为志愿者提供针对性强的培训。

(6)志愿者培训与普及推广相结合。培训讲座不仅仅面向志愿者,也鼓励广大师生参加,以提高大众关注度,达到普及赛事和志愿者相关知识的目标。

2. 培训流程

(1)《赛事志愿者通用培训手册》编写。组委会通常邀请来自各行业及各大高校的专业礼仪与形象管理培训师为志愿服务编写《赛事志愿者通用培训手册》作为志愿服务的理论基础,为志愿者培训提供统一内容及标准,以期达到志愿者的专业化、统一化。

(2)志愿者培训师培训。招募各大高校、行业内符合要求的专业礼仪与形象管理培训师,通过考核筛选后,组织开展培训会、座谈会,分发教材和视频课件对培训师进行培训,如表5-2所示,以期培养高素质的培训师。

表 5-2　培训师团队的组建及培训

工作内容	形式	备注
宣传组建师资团队	—	—
考核和资料审核	笔试	由培训组负责
岗前培训	开展座谈会 交流培训进度 提醒注意事项	视频课件及教材分发

（3）志愿者面试。礼仪与形象管理培训师参与各社会单位、高校的志愿者面试，为志愿者选拔提供礼仪与形象管理方面的意见。

（4）志愿者礼仪与形象管理培训。选定志愿者后，礼仪与形象管理培训师对志愿者展开相应培训。培训分为通用培训和定向培训。

培训师先通过讲座形式对志愿者开展通用培训，通常以100—200人为一场，内容较为宽泛，主要涵盖志愿者通用素质、赛事举办地历史文化、精神风貌、仪容、仪表、国际社会礼仪等内容；定向培训针对各个岗位进行，结合岗位服务内容进行针对性培训，规模以30—50人为主，通常持续1—2天。

（5）服务现场培训。在志愿者正式上岗服务前，礼仪与形象管理培训师将与志愿者一同到现场，模拟站位、服务仪态等，在现场实际灯光等的影响下，调整志愿者形象细节，例如口红色号、站位角度等，以期呈现志愿者最完美的服务姿态，如表5-3所示。

表5-3　大型国际赛事志愿者培训内容——以杭州 G20 峰会志愿者培训为例

培训内容	备注
通用知识培训	了解赛事有关背景知识，组织、服务赛事需要的其他基本知识和要求。学习志愿服务范围、对象及要求、岗位设置、服务保障及权利等
专项业务知识培训	针对不同的志愿者部门及岗位，进行有针对性的专业知识和技能培训
场馆知识培训	围绕赛事场馆各个区域的功能、内部设施、团队工作、紧急情况处理等开展相关培训
岗位技能培训	针对赛事进行过程中每个岗位具体的职责、工作流程、服务要求及注意事项等方面进行培训
团队管理能力培训	骨干志愿者接受该项培训，以提高组织管理能力，包括组织管理、团队建设、小组激励、危机处理等能力培训

续表

培训内容	备注
通用技能培训	(1)公共安全与突发事件应急处理 了解赛事可能发生的突发事件,应急处理流程与处置规范,掌握常见的医学急救基本知识和急救技能。增强培训对象的安全风险防范意识,面对突发事件的临场处理能力 (2)媒体宣传与对外沟通 学习如何应对媒体、宣传技巧、收集和处理信息、新闻报道写作等技能 (3)志愿者心理调适与自护知识 如何正确克服服务过程中可能遇到的障碍,培养积极健康的心态
外语能力培训	旨在让志愿者与外国运动员和嘉宾更好地交流,提供更好地服务

（三）大型国际赛事志愿者礼仪与形象管理培训通用内容

通过对几个大型国际赛事志愿者培训内容的梳理发现,在礼仪与形象培训上,志愿者要掌握爱国敬业、遵时守约、尊重隐私等国际惯例,也要有落落大方、自信从容、真诚适度的精神风貌。这是各类大型国际赛事对志愿者礼仪与形象管理的总体要求。培训师从精神风貌、视觉形象和行为规范三个方面进行培训和授课。

"我们培训的志愿者,仪容要简洁、大方、清爽;站、坐、走、蹲、手势等都要有标准。""通过讲解、模拟和训练,目的是让志愿者发自内心地用礼仪拥抱每一位嘉宾。"这是杭州 G20 峰会和亚运会志愿者礼仪与形象管理培训师、浙江大学礼仪与形象管理中心包松副教授对每一位志愿者培训师提的基本要求。

除了要求志愿者对中国文化的掌握外,具体的培训内容和要求大致包含以下几个方面。

（1）仪容。仪容,即人的容貌,由发型、面容及未被服饰遮挡的肌肤,如手、足、颈部等构成。包含了头部、口腔修饰、鼻子修饰、耳朵修饰、颈部修饰、发型以及其他手部脚部的修饰等内容。对志愿者而言,端庄的仪容不仅是个人自信、敬业等涵养的体现,更是对服务对象尊重的表现。

（2）仪表。仪表即个人的外表。一般情况下,仪表主要指个人服装。服装是穿着者修养、风度和品位的表现。对志愿者而言,仪表得体与否,关乎个人形象和城市形象,志愿者仪表要与他的年龄、体形、岗位和所在的场合吻合。大型赛事的志愿者会按照组委会要求统一着装,意在展现志愿者的精神和风采。具体要求着装整洁、注意搭配和饰品得体。

(3)仪态。主要包含站姿、行姿、蹲姿、手势等具体的仪态要求规范。让身体语言说话,呈现良好的仪态,表达良好的精神风貌。同时,手势还应与面部表情、肢体语言、文明用语配合,体现出对服务对象的尊重。

(4)表情礼仪。人们总会通过喜怒哀乐等表情对人们所说的话进行解释、澄清。谦恭、友好、真诚的表情礼仪,会给服务对象留下好的印象,表达尊重。

(5)交谈礼仪。交谈礼仪也是志愿服务的基本要求。志愿者在交谈时要表情自然、举止得体、语言文雅,同时体现出主动热情、以诚相待、以礼相待的大国态度。

(6)致意礼仪。致意适用于在各种场合向相识的人、同辈或只有一面之交的人打招呼。可分为微笑致意、点头致意、起立致意、挥手致意、欠身致意、脱帽致意等形式。志愿者遇到服务对象,既不可忽视,也不用鞠躬问候,只需微笑点头致意,展现大方礼貌的态度即可。

(7)握手礼仪。握手不仅是一种问候,同时也会向对方传递个性和自信心,是在人际交往中,使用频率最高、范围最广泛的一种礼仪。在适当的时候与服务对象握手,可以展示对对方的尊重、友好、关心与敬意。

二、大型国际赛事志愿者礼仪与形象管理培训的主要问题

近年来我国承办了多个大型国际赛事,志愿者都经过了系统化的培训,展现出良好的礼仪素养。然而,放眼国际,我国志愿服务事业相较于其他国家起步较晚,因此现阶段志愿者培养尚未实现完全的组织化、规范化和系统化。各大高校对于赛事礼仪志愿者的培训仍然存在着不少问题,培训制度、人力资源及课程体系离规范化和制度化仍存在一定距离。2016 年 7 月 11 日,中央宣传部、中央文明办、民政部、教育部、财政部、全国总工会、共青团中央和全国妇联印发的《关于支持和发展志愿服务组织的意见》指出:"要分类指导、突出特色,正确引导、依法自治,创新发展,着力推进志愿服务组织、志愿者与志愿服务活动共同发展,提升志愿服务组织能力,持续推进大型社会活动志愿服务。"

(一)培训规模大,人力、物力成本高

大型国际赛事志愿者礼仪与形象管理培训规模大、耗时长,需要对志愿者进行基础化培训,培训成本较高。与此同时高校青年热情积极,志愿者服务意

识强,大型国际赛事的大部分志愿者都来自各大高校。然而,高校的礼仪与形象管理未常态化,使得高校志愿者礼仪素养与赛事要求相差较大。若是各高校能使礼仪培训常态化、普遍化,那么志愿者的礼仪与形象管理培训可以省时省力,成本会降低许多,效果也会更喜人。

(二)组织模式单一,培训效果参差不齐

多元合理的组织结构,是保障培训得到有效实施的关键,可以使整个培训系统实现结构化、程序化、规范化和层次化。由各级组织各自开展培训,会使志愿者在培训过程中感到乏味及落差,难以使志愿者感受到志愿服务的价值,不利于调动志愿者的热情。此外,各级组织由于其标准及需求不同,重视程度不一、培训方式各异、培训资源不同,容易导致培训的实施情况存在差异,各类资源无法得到充分有效的利用。

(三)培训方式单一,资源无法充分利用

从调查中不难发现,传统的礼仪方式主要为老师单向授课及学生单向接受,形式单调。长此以往,这种被动接受知识的培养方式,会消耗志愿者的热情。高校青年富有激情,对新知识的接受度高且易于管理,但缺乏足够的社会经验,心理素养不够强,面对突发状况时容易措手不及。若礼仪与形象管理培训无法做到因材施教、因地制宜,易使志愿者难以运用于实践,导致服务专业度下降。

(四)场地设施不完善,培训辅助力量薄弱

辅助力量的强弱往往与大型赛事礼仪与形象管理培训的效果呈正相关关系,较强的辅助力量配合系统化的培训,能极大增强培训效果,而辅助力量主要由两个方面构成:一是培训场地的硬件设施会影响培训效果。若在专属场地上进行培训,志愿者可以看清自身的姿态,有利于边训练边纠正,使得效果事半功倍。二是培训的宣传力度也会影响培训效果。宣传是培训的重要窗口,有效的宣传既能巩固培训效果,也能增加关注度及影响力,提升志愿者的积极性,拓宽服务渠道。

三、大型国际赛事志愿者礼仪与形象管理培训的主要经验

(一)完善礼仪与形象管理培训的组织模式

礼仪与形象管理培训若无完善的组织模式,会导致培训质量良莠不齐,效率大打折扣。因此为了打牢培训的基石,高校应使培训系统结构化、程序化、规范化及层次化,整合学生会、社团、礼仪协会等各方资源,构建相对完善的培训模

式,使志愿者拥有较高的专业水平及良好的服务意识,顺利完成志愿服务。

（二）建立合理高效的学生梯队

高校青年是不可忽视的中坚力量,礼仪与形象管理培训应利用好学生梯队,构建合理的梯队培养模式。可以各级学生会、团委为主,社团为辅;低年级为主、高年级为辅的模式,以老带新,以点带面,促进礼仪与形象管理培训高效、可持续发展。

此外,应改变传统的单一培养模式,以学生喜闻乐见的形式,推动学生群体的发展。例如运用网络,进行远程教学,或是短视频学习;开设场地进行场景模拟,让学生体验求职面试、路演答辩等过程中对不同礼仪技巧的灵活运用;搭建网络平台,让学生互助学习,促使志愿者间相互交流学习。

（三）优化礼仪与形象管理培训的内容和加强师资队伍建设

礼仪与形象管理培训的内容,要兼顾通用知识与针对性内容。在传授志愿者礼仪、服务等通用知识以提高志愿者专业水平、责任心、心理健康等同时,也要针对不同场合、不同性质的服务环境,对志愿者进行针对性培训,让志愿者能够更好地完成志愿服务。此外,还需要根据不同赛事,优化培训内容,做到统筹兼顾且重点突出。师资队伍的优化也不容忽视,高校要建设优质的团队,让礼仪与形象管理培训高质量发展。

（四）强化礼仪与形象管理培训的辅助力量

高校应提高媒体的利用效率,加大对礼仪与形象管理培训的宣传力度,以此提高影响力和关注度。并以一定的曝光度为基础,打造志愿服务特色品牌,进一步拓宽大型赛事志愿者渠道,不断积累培训经验,为提升志愿服务质量,树立志愿者良好形象打好基础。

第二节　礼仪与形象管理培训的主要形式及发展现状

一、以色彩学、形象学为主导的礼仪培训——以西曼色彩为例

（一）西曼色彩简介

西蔓色彩是中国色彩咨询行业、形象咨询行业两大行业的创建者和行业技术标准的创建者。媒体常说"西蔓一个人创建了一个行业"。西蔓于1998

年为中国引入色彩应用科学理念和技术,其建立的"CCS 色彩体系"被《人民日报》称为"填补了行业空白",建立的中国人形象规律分析系统(PIA)成为咨询产业的技术方法论,也为其他领域相关从业者提供了新颖科学的形象分析技术。

15 年的市场培育,让中国正式有了以色彩咨询服务为核心的色彩咨询产业,全国有数千家专业咨询机构,填补了中国的产业空白。同时,西蔓色彩作为中国流行色协会副会长单位,长期代表中国出席国际色彩协会活动,中国在国际舞台上也拥有了色彩产业。

西蔓色彩创建的形象咨询产业作为有别于传统美容美发造型设计机构的新兴产业,主要贡献在于以对人的科学诊断为出发点,提供最适合其的形象咨询服务。此外,这里的形象指的是广义概念,包括人的行为举止、礼仪修养、场合形象、品位等,所以形象咨询产业是提升全民素养最直接的社会服务机构。西蔓色彩通过十几年的发展,目前在全国已有上万家形象咨询机构。

没有创新型人才,中国就难以大规模地进行产业转型升级。文化创意产业作为国家的重点发展产业,更需要各类人才。西曼色彩没有设置技术壁垒,坚持公开和普及创新技术与专利,为国家培育新型实用人才,为文化创意产业输送生力军。为践行"美育中国"理念,西曼色彩的工作落实在了培养各类创新人才上。从 1999 年起,西曼色彩陆续开发了多个视觉美化方面的职业,如形象管理顾问、色彩搭配师、服装搭配师、居室美化顾问、陈列师、餐桌美化顾问、场合礼仪师等认定。西蔓色彩还重点参与了文化和旅游部整体形象设计师、中国流行色协会色彩搭配师等级考评体系的构建。从西蔓色彩走出来的数万名学员正在全国各地从事着美人、美家、美商品、美卖场、美建筑、美环境等美育中国事业。

与此同时,西蔓色彩长期开展"美育中国"行动,坚持热心投身于全民美育普及活动,号召民众注重提升和管理个人的形象、修养、礼仪,从而提升中华民族的形象。西蔓色彩十几年来开办了千余场讲座,美育传播的足迹遍布全国各行各业,在提高中国国民素质方面做出了巨大奉献。

(二)西曼色彩专利介绍

1. 中国人形象规律分析系统

中国人形象规律分析系统包含两个部分,即中国人色彩规律分析系统(PCA)及中国人服饰风格规律分析系统(PSA),广泛应用于个人扮靓指导,彩妆、服饰等扮靓产品的研发等领域。该系统是基于对中国人多年来的消费喜好、形象规律分析数据及经验而建立的。该系统的建立,填补了中国在个人色彩、形象应用领域的技术空白,建立了中国形象咨询行业标准,使国人形象装扮有依据可循,使个人整体形象装扮实现了本土化应用,具有划时代的创造性价值。

2. 色彩搭配师培训专用标准色彩体系

色彩搭配师培训专用标准色彩体系是按照国际通用的色彩体系组成标准及符合中国人色彩应用习惯研发的,广泛应用于各高校设计类专业。该体系专为配色教育创立,2007年被指定为色彩搭配师培训专用色彩体系,使更多需要用到色彩搭配的行业更加便捷、快速、轻松地实现和谐色彩搭配的目的。

二、教育部等发起的专业培训项目——以职业核心能力认证培训为例

(一)CVCC项目简介

职业核心能力认证培训项目(简称CVCC项目)是教育部教育管理信息中心全国职业核心能力认证培训办公室的专家在借鉴学习了英国、美国、德国等西方发达国家最新职业教育和培训成果基础上开发出来的,该项目于2010年5月面向全国大中专院校正式启动。相关职业核心能力的培养与测评,对提高学生的综合素质能力,增强学生就业竞争力起到积极的作用。2016年4月,根据国家政策要求教育部高校毕业生就业协会正式成立了核心能力分会。目前,CVCC核心能力项目与国内90余所学校建立了紧密联系,共同推动高素质人才的精准培养。

该项目可分为三个部分:(1)基础核心能力,包括职业沟通、团队合作、自我管理。(2)拓展核心能力,解决问题、信息处理、创新创业。(3)延伸核心能力,领导力、执行力、个人与团队管理、礼仪训练、五常管理、心理平衡。

教育部指出,要"教育学生树立终身学习理念,提高学习能力,学会交流沟通和团队协作,提高学生的实践能力、创造能力、就业能力和创业能力",并要求测评学生的"自我学习、信息处理、语言文字表达和合作协调能力"。教育部与其他部委的相关文件中多次强调学生及职业人士的职业核心能力的重要性。

现阶段,职业核心能力逐渐成为人们就业、再就业和职场升迁所必需的能力,也是考察学生竞争力的一个重要方面,未来,它必将成为企事业单位在职人员综合素质的重要评判标准。因此,职业核心能力认证培训项目作为新型综合素质训练项目,拥有广泛的目标人群,具有持久生命力,对提升我国技能人才的礼仪素质起到正向积极的作用。部分证书如图5-1、图5-2所示。

图 5-1　全国核心能力认证水平等级证书

图 5-2　全国核心能力认证高级形象礼仪指导师证书

（二）CVCC 项目发展目标

通过开展系统的 CVCC 项目人才培训和专业认证工作,以及专业、系统化的实训和测试,可有效引导学生掌握就业、职场升迁等必备的沟通、团队合作、自我管理、心理调节能力,全面提升我国大中专院校师生和企事业单位在职人员的职业核心素养,为我国从人力资源大国向人力资源强国迈进贡献力量。

为保证 CVCC 项目的顺利实施,特设置领导小组、专家组、项目管理办公室和测评站。

（三）认证考试和教材体系

CVCC 项目包括职业沟通、团队合作、解决问题、自我管理、信息处理、创新创业等六大能力模块课程,学校、单位根据实际情况选择其中的一个模块或几个模块开展培训工作。

CVCC 项目的认证考试采取以下形式:(1)全国统考。CVCC 项目每年组织六次全国统考,分别为 4 月、5 月、6 月、10 月、11 月、12 月第三周周日上午,参加考试的学生必须通过各测评站报名。(2)单独申请。若一次申请考试人数超过 200 人,测评站可单独向项目管理办公室提出考试申请,经批准后独立组织考试。

教研部组织相关人员针对 CVCC 项目特点,依据专家组制定的项目课程体系、考试大纲、教学大纲,编写教材。教材采用案例分析、过程训练、效果评估等教学法,逐步培养、检测、提升学生的职业核心能力。

（四）近 5 年 CVCC 项目课程

目前 CVCC 项目课程中比较成熟的主要有 7 个主题班,平均每年每个主题开放 3—4 个班次。每个班的培训周期均为 3 天,主要集中在广州、杭州、上海,3980 元/人,如表 5-4 所示。

表 5-4　2022 年下半年 CVCC 项目培训主题班

序号	主题	主讲老师(以 2022 年下半年为例)	课时	地点
1	高级政务礼仪	文泉、彭清清	3 天	广州
2	高级政务礼仪师资	吕艳芝、冯楠	3 天	杭州
3	高级礼仪	王旭、米涵希老师	3 天	上海、杭州
4	高级商务礼仪师资	吕艳芝、冯楠	3 天	杭州

续表

序号	主题	主讲老师(以 2022 年下半年为例)	课时	地点
5	空乘专业教学能力提升师资	陈泓波、刘彦	3 天	武汉
6	高级礼仪师资	金正昆	3 天	广州

每个主题的课程内容整理如表 5-5 至表 5-10 所示。

表 5-5 高级政务礼仪培训班课程安排

(以 2022 年 10 月 5—7 日杭州课程为例)

模块		课程内容
模块一:政务礼仪、国家形象	服饰形象	1.服饰形象与光环效应 2.正装的五个要素 3.准正装的三个品级
	仪态形象	1.仪态形象与内在修养 2.政务场合的六种重要仪态:站、坐、走、致意、递接物品、手势
	仪容形象	1.仪容形象与视觉习惯 2.仪容形象的三大主题:面部修饰、肢体修饰、发式发型
	言语形象	1.言语要准确清晰 2.言语要有思想性 3.言语要讲究技巧:说服的技巧、拒绝的技巧、夸赞的技巧、处理异议的技巧
	政务交往形象	1.政务交往中的基本规范:称谓与回候、介绍与握手 2.政务交往中的动态位次:四种不同空间的位置关系、引领与陪同的灵活性以及现场实操 3.政务交往中的静态位次:迎送队形及位次、会见的位次、会谈的位次、会议的位次、日常接待的位次、合影的位次,以及现场实操

续表

模块	课程内容	
模块二:政务活动策划与组织	政务会议的策划与组织	1.会议策划及执行计划 2.会议方案制定需遵守的四个原则 3.会议方案的六量化 4.会议执行的六量化 5.会议的准备 6.参会人员的礼仪 7.政务会议服务礼仪:签到服务、引领服务、一体式及分体式上茶服务
	政务中餐的策划与组织	1.中餐宴请的三个目的 2.中餐宴请的两邀、两准备 3.中餐的桌次礼仪 4.中餐的席次礼仪:使宴的席次、宴会的席次 5.中餐的九个进餐细节 6.中餐宴请的酒文化 7.中餐宴请中的交流 8.中餐宴请的买单 9.中餐宴请结束的礼仪
模块三:政务礼仪课程设计实施解析	解析课程目标及书写方式	1.课程内容与课程目标的关系 2.课程目标书写"四要素"
	解析课程调研的"四要素"	—
	解析课程重点与难点	1.突出重点的方法 2.攻克难点的策略
	解析政务礼仪课程的结构	课程小结常用的六种方法

注:课程共为3天,每天的课程分上下午进行,上午是9:00—12:00,下午是14:00—17:00。

表 5-6　高级政务礼仪指导师培训班课程安排

（以 2022 年 10 月 5—7 日广州班为例）

培训主题	课程内容	具体内容
事业单位 外事礼仪	1.事业单位外事礼仪的定义 2.外事礼仪的基本原则 3.外事礼仪的主要内容 4.公务员基本外事礼仪素养 5.外事礼仪国际发展趋势 6.公务员培训的要点 7.政府办公厅接待礼仪的规格及流程 8.外交外事宾礼仪的演变与发展 9.中国特色大国外交礼仪 10.公务员出访旅行必备的礼仪知识 11.政务活动中的位次礼仪:迎送宾客的位次、行进中的位次、签字仪式的位次、会见会谈的位次、会议宴请的位次、合影拍照的位次、国旗的摆放升挂位次、轿车中的位次安排 12.礼仪活动的策划与实践应用 13.仪式礼仪 14.外事活动中西餐的禁忌课程回顾、小组讨论总结	—
政务礼仪与 公仆形象	寻根溯源说礼仪	政务礼仪的前世今生、礼仪文化与和谐社会、礼仪文化与服务型政府、礼仪课程与文明城市创建、政务礼仪与服务效能、政务礼仪与职业素养、政务礼仪与微政务服务、政务服务与体验经济、政务礼仪的作用及适用范围、礼仪与社会主义核心价值观、机关事业单位中的政务礼仪课、不同层级学员课程设计的要点

续表

培训主题	课程内容	具体内容
政务礼仪与公仆形象	魅力何来——政务形象礼仪	职业形象对照检查表,魅力就是影响力,以貌取人与首映效应,形象体现审美与修养,如何给目标对象留下好印象,角色定位与场合着装,色彩搭配与商务场景,不同工作场景的形象标准,公务、商务场景中管理者着装禁忌,画龙点睛的配饰,服饰背后的品位,举手投足是态度,领导者的表情管理,新媒体时代管理者的动态形象,以及现场实操
	政务接待——宴请用餐礼仪	入座有讲究、点菜是艺术,餐具莫错用、吃相门道多、结账离席需注意,常见的六种用餐形式,各国餐饮文化的差异,用餐时间和地点的安排,点餐的原则和技巧,应邀和赴宴的准备,八大菜系的特点,用餐中的礼仪,主餐具的使用禁忌,辅餐具的使用禁忌,中国料理"特殊食物"的食用,细节体现修养,饮品中的酒水,敬茶的礼仪,喝咖啡的禁忌,香槟与啤酒,以及专项案例分析、小组讨论学员演练

续表

培训主题	课程内容	具体内容
政务服务礼仪	政务服务礼仪示范课	1.服务工作者角色定位及职业心态:服务的内涵与外延、服务的四个层次、服务意识与高品质服务、以客为尊的服务是什么、有温度的服务中的"五感"、服务礼仪与品牌影响力、顾客共情与服务动线 2.服务工作者的职业形象塑造:你的着装与职业岗位相符吗、不同接待服务中的着装禁忌、角色与服饰——从规范到信任、职业化形象塑造 3.赢在举手投足间服务的仪态举止:细节是魔鬼——别让微动作出卖你、惯性举止中传递出的态度与情绪、表情与举止在服务中的运用、察言观色——微行为背后的秘密、如何运用体态语增添形象魅力、接待服务中基本会面礼的运用、服务中的规范手势
	专家型教师具备的五个素养	学员眼中的专业包含了哪些要素,教师、讲师、职业培训师角色定位,校园课程的特征及教学方法,商业礼仪课程的特征,商务礼仪课程素材的收集与提炼,客户眼中的"高端礼仪"高在哪里,如何把单次课程转化为项目,集中培训与轮训的特点,课程报价的禁忌及核心人物识别,提升课程复购率的关键,被学员认可的内容是你的硬实力,礼仪与各个学科之间的关系,最重要的八分钟你会讲什么,政务礼仪课程演练

表 5-7　高级礼仪培训班课程安排

（以 2022 年 11 月 25—27 日广州班为例）

时间		课程内容
11 月 25 日	9:00—11:30	礼仪文化
	14:00—16:30	礼仪教师的自我提升
11 月 26 日	9:00—11:30	礼仪教学方法研究
	14:00—16:30	礼仪教学的重点与难点
11 月 27 日	9:00—11:30	国际礼仪、社交礼仪与服务礼仪的疑难点
	14:00—16:30	商务礼仪与政务礼仪的疑难点

表 5-8　高级商务礼仪指导师培训课程安排

（以 2022 年 10 月 2—4 日广州班为例）

模块	课程内容
模块一：商务礼仪课程介绍与概念理解	1.商务礼仪课程的定位 2.商务礼仪与职场人际关系 3.商务礼仪对职场人群的分类 4.商务礼仪概念的理解与礼仪化思维的培养 5.商务礼仪所包含的内容 6.商务礼仪的作用 7.商务礼仪的呈现方式与层次
模块二：商务形象的信息传递与态度表达	1.形象与第一印象 2.第一印象与第二印象的翻转 3.形象与场合的关系 4.四大标准场合：职场、社交、约会、休闲 5.商务场合形象标准与细节：商务面容与发型、商务着装标准、商务配饰、商务形象禁忌
模块三：无声语言的传递与精准仪态解读	1.解读肢体语言带来的感受 2.商务场合微笑与眼神的表达和运用 3.商务场合体态的控制 4.商务场合举止细节的标准

续表

模块	课程内容
模块四:模块商务礼仪行为细节在商务场景中的灵活运用	1.商务会面:精准的称呼与问候,目中有人的表达方式,握手的标准、依据和原则,挥手的方法与适用场合,名片和微信的交换与注意事项,自我介绍与第三方介绍,有关"茶水"服务细节 2.商务交谈:使用对方能够接受的语言表达方式,亲切寒暄与赞美,适合的话题与禁忌,接电话与打电话的沟通细节,电子邮件的格式与注意事项 3.商务座次:小型会议和会客室座次、标准、依据、原则,大型会议座次、主席台座次的安排方法,合影位次与细节 4.商务宴请:宴请的目的和起源、座次安排、点菜的原则、餐具的使用、敬酒的顺序、商务宴请中的细节与注意事项
模块五:把握客户需求并给出精准解决方案	1.匹配客户需求的课程方案设计:把握客户的真正需求、客户要解决的主要问题、精准捕捉客户的真正需求、区分客户需求中的商务礼仪部分内容、从专业的角度匹配并确认客户的需求,确定课程内容并设计课程大纲 2.适合课程内容的讲师背景简介:讲师简介的标准模板、有个人特色的讲师简介

表 5-9　空乘专业教学能力提升指导师培训课程安排

(以 2022 年 10 月 28—30 日武汉班为例)

课程主题	课程内容
乘务专业课程设计和规划	1.新时代航空业现状和发展 2.各大航空公司面试流程介绍 3.空乘岗位职业通道建设 4.院校空乘专业课程设计方案

续表

课程主题	课程内容
空乘专业形象塑造	1. 空乘老师着装规范 2. 空乘专业仪容规范 3. 空乘专业仪态规范 4. 空乘专业表情规范
角色转变——客舱安全卫士养成（理论和实操）	1. 民航客舱安全管理课程介绍及教学设计：看电影学习应急处置，以及经典案例分析，提升应急处置能力 2. 飞机客舱设备课程教学方法：空客舱门、波音舱门，以及TSOC舱门实操教学法 3. 生命速递，与时间赛跑
空乘专业示范课程	1. 声音形象课程演练 2. 客舱服务情景演练：四个阶段角色扮演，以及面对投诉的各种应对
面试课程设计模板	1. 面试官心理解读 2. 如何打动面试官 3. 半结构化面试考点解读 4. 面试全流程演练

表 5-10　高级礼仪指导师培训课程安排

（以 2022 年 11 月 11 日—13 日杭州班为例）

模块	课程内容
模块一：商务礼仪概说	1. 商务礼仪的内涵 2. 商务礼仪的本质 3. 商务礼仪是成就大事的小事
模块二：商务交往，形象第一	1. 服饰的选与穿：服饰的四个制约因素、什么是正装、什么是商务休闲装 2. 仪态的重要性：商务场合六种常用仪态 3. 仪容的清爽规范：面部及肢体修饰、适宜商务人士的发型 4. 言语的"字字珠玑"：言语与商务人士素养、讲究言语的技巧（接近客户的技巧、说服客户的技巧、拒绝客户的技巧、夸赞客户的技巧、处理客户异议的技巧）

续表

模块	课程内容
模块三：商务交往，讲究规则	1.善用规则是交往的前提：称呼与问候的分寸、介绍与握手的适度 2.商务交往中的动态位次：四种不同空间的位置关系、引领与陪同的灵活性，以及现场实操 3.商务交往中的静态位次：迎送队形及位次、会见的位次、会谈的位次、会议的位次、日常接待的位次、合影的位次、乘车的位次、旗帜的摆放，以及现场实操
模块四：商务活动重在策划与组织	1.商务活动的策划与组织：活动策划及执行计划、活动方案需遵守的四个原则、活动方案的六量化、活动计划的六量化、活动的准备工作、参与活动人员的礼仪、商务活动服务礼仪、商务活动结束的礼仪 2.商务中餐的策划与组织：中餐宴请的三个目的、中餐宴请的两邀、两准备，中餐的桌次礼仪，中餐的席次礼仪，中餐的九个进餐细节，中餐宴请的酒文化，中餐宴请中的交流，中餐宴请的买单，中餐宴请结束的礼仪 3.商务会谈及仪式礼仪：商务会谈的礼仪（会谈之初的礼仪、会谈之中的礼仪、会谈之后的签约仪式）、庆典仪式礼仪（庆典仪式的细节及准备、庆典仪式的程序）、开业仪式礼仪（开业仪式的细节及准备、开业仪式的程序）、新闻发布会礼仪（新闻发布会的细节及准备、新闻发布会的程序）

三、服务行业技能导向的岗位礼仪培训

现代社会竞争越来越激烈，对服务礼仪的要求逐渐提高，系统的服务礼仪成为服务人员的基本素质。服务礼仪要求服务人员注重仪容、仪态、仪表，以及言语的规范性和适当性，除此之外，服务人员在工作过程中，需真诚、热情地为客户提供周到的服务，展现当代服务人员积极向上的风貌。如若不具备良好的服务意识，对形势的变化没有正确的感知并自我改变，则很容易被社会所淘汰。

服务礼仪具有普遍性、继承性、差异性、时代性四个特点，其功能在于塑造个人形象、塑造组织形象、沟通信息、联络感情。本部分将以餐饮行业、医疗行

业及空乘行业服务礼仪培训为例,展现新时代服务行业礼仪培训的现状及其重要性。

（一）餐饮行业服务礼仪培训

不难发现,现在餐饮行业对服务礼仪的要求越来越严格,如海底捞"宾客至上"的服务精神和热情真诚的服务态度,为客户带来了更多的尊重感及亲切感。剖析本质,餐饮行业的激烈竞争,实质是服务质量的竞争。餐饮行业要想长期的生存和发展,不断积累声誉、效益、客源,离不开向客户提供全方位的优质服务。

"微笑服务"是优质服务的关键点之一。纵观历史,古有"没有笑颜不开店"的说法。"微笑"可以最低的成本,产生最大的经济效益。例如,著名的"希尔顿的微笑",它不仅挽救了经济大萧条时代的希尔顿酒店,也造就了如今酒店遍及世界的希尔顿酒店集团,再如曾数次摘取"世界十佳饭店"桂冠的泰国东方饭店,也将"笑容可掬"列为迎宾待客的标准之一。

中国旅游饭店业协会为迎接 2008 年北京奥运会、2010 年上海世博会,推出《中国饭店行业服务礼仪规范（试行）》（以下简称《规范》）,尝试提供系统化的培训标准,培养爱岗敬业的服务人员,营造和谐的饭店氛围,从整体上提高我国餐饮行业服务水平,并以此规范我国餐饮行业的服务礼仪,塑造文明礼貌的良好形象。

《规范》是我国餐饮行业的第一个服务礼仪规范,其主要按服务人员对客服务的流程进行编写,共设 7 个篇目、30 个章节、174 条。《规范》从初稿到逐步完善,历经 8 次修改,先后多次召开论证会,征求了北京市文化和旅游协会饭店分会、洲际酒店集团等单位和北京、上海、浙江、广东等地专家的意见,在广泛调查研究的基础上,总结了我国餐饮行业几十年发展的成功经验,吸收借鉴了国际著名酒店集团的成功做法。《规范》具有如下特点。

1. 广泛的适用性

《规范》以基本礼仪为切入点,提出礼仪为我国餐饮行业服务人员都应具备的基本素质,重点强调对服务人员言谈举止、仪表仪容等基本礼仪和职业素养的培养,促使餐饮行业服务人员养成注重职业礼仪的良好习惯,增强服务人员的职业自豪感和自信心。不同类型、不同规模、不同档次、不同管理形式的饭店,都可以采用《规范》进行培训,促进服务人员专业水平的提升。

2. 注重培养操作服务的美感

《规范》从岗位服务礼仪的角度,指导我国数百万餐饮行业服务人员将服务礼仪运用到服务过程中,完善服务过程中的言谈举止,引导服务工作高质量发展,这样不仅可以为客户带来感官上的舒适感,也能创造更高层次的精神享受。

3. 突出时代性、针对性

《规范》起草的背景为 2008 年北京奥运会及 2010 年上海世博会的举办。为更好地服务不同文化背景的众多海外游客,在《规范》的引导下,训练有素的服务礼仪将有助于避免不当服务,树立我国餐饮行业的良好形象,展现大国风采,体现了时代性、针对性。

4. 体现了对客服务的和谐性

《规范》的核心思想在于"以人为本",大幅减轻了传统机械式服务的笨拙感,注重服务过程中的沟通交流,提供人性化服务,充分尊重客户人格、隐私等,为我国餐饮行业营造了整体和谐友爱的新风貌。

如今,我国餐饮行业越来越重视相关培训,经过相关调查,本书选取诺达教育作为典型案例进行分析。诺达教育创办于 2006 年,专注于为企业提供培训服务,拥有丰富的师资资源,业务范围目前已遍布北京、上海、广州、深圳、杭州等省市。它吸收国内外先进的管理理念,总结优秀企业的管理实践,培训内容涵盖职业素养、客户服务、管理技能及国学智慧等十几个领域,为各行各业提供系统性、专业性、实用性的培训服务。诺达教育总结的餐饮行业服务礼仪培训的部分内容如表 5-11 所示。

表 5-11　餐饮行业服务礼仪培训的基本内容

类型	培训层面	具体内容
酒店餐饮服务礼仪	酒店餐饮服务基本礼仪	—
	礼仪现场指导	服务员礼仪现场指导
		迎宾礼仪现场指导
		点菜人员礼仪现场指导
		保洁人员礼仪现场指导
		保安人员礼仪现场指导

类型	培训层面	具体内容
酒店服务流程与技能	餐厅服务流程	餐前准备阶段
		开席服务阶段
		席间服务阶段
		餐后服务阶段
	客房服务流程	准备工作阶段
		住店服务阶段
		离店工作阶段
五星级酒店 VIP 客户服务礼仪	认识 VIP	
	VIP 需求下的服务要求	
	VIP 尊享服务礼仪	
	情景模拟	
	中国少数民族礼仪禁忌	
	中国客源国和地区礼仪禁忌	
酒店员工服务礼仪	优秀员工需要具备的综合素质	—
	服务意识提升——培养酒店员工良好心态	
	酒店员工仪容、仪表、礼仪——美丽而深刻	
	酒店员工职业化仪态礼仪——习惯而自然	
	酒店员工真诚微笑服务礼仪	
	礼仪五步训练法——持续提升、追求完美	
	酒店员工日常服务礼仪	

（二）医疗行业服务礼仪培训

随着社会经济的稳步发展和科学技术的不断进步,现如今我国医疗行业正逐步从"以疾病为中心"的功能式向"以患者为中心"的护理式转型升级。诚然,健康大方的风姿、亲切自然的微笑、尊重妥帖的言辞等良好的礼仪,能提升医护人员在大众心中的形象,有效缓解患者焦虑的心态,有助于疾病的恢复。

具体包括以下几点。

1. 容貌服饰美

容貌是初印象的重要参考因素,因此医护人员应注重自身容貌,避免浓妆艳抹、不修边幅、面容冷漠,避免给患者造成不信任感。在日常工作中,医护人员应做到着淡妆,精神积极,乐观明朗,增加亲切感。

服装的庄重得体能够体现医护人员特有的形象。护士裙装应过膝5厘米,内衣不外露,不佩戴过多的首饰,保持整洁庄重、大方合体的形象气质;鞋子为统一软底坡跟白鞋,着肤色长袜,袜口不露出裙装底边。保持护士帽的整洁挺括、无皱褶。戴帽时头发不宜过高、过长,耳边头发一律梳理到耳后,长发用发网向上网住,使头发前不遮眉,后不过肩,侧不掩耳。用发夹在帽后方固定,帽翼两侧禁用发夹,以保持两翼外展似燕子飞翔的形象。

2. 行为举止美

站立姿态:站立是最基本的活动方式,也是体现仪态最基础的方式。站立时头正颈直、两眼平视、下颌微收、收腹挺胸,两臂自然下垂,右手握住左手四指背侧,两腿直立,重心上提。两脚尖距离10—15厘米,脚跟距离5—7厘米,使后背五点在同一平面,自然站立时双手自然摆放即可。

行走姿态:行走时双眼平视前方,收腹挺胸,两臂自然摆动,摆动幅度为30度左右,双脚在一条直线上行走,步态轻稳,弹足有力。两人同行擦肩而过应保持10厘米距离,防止相互碰撞,失礼失态。

推车姿态:推车时双手扶住车缘把手两侧,躯干略向前倾,进病房时先停车,用手轻轻开门,再把车推至病人床前。

持病历夹:左手握住病历夹稍前端,并把病历夹夹在肘关节与腰部之间,病历夹前沿略上翘,右手自然下垂或摆动,翻病历夹时,右手拇指与食指从中缺口处滑到边缘,向上轻轻翻开。

端盘姿态:取自然站立姿态,双肘托住盘底边缘1/3处,拇指和食指夹持盘体,其他三指自然分开托住盘底,肘关节呈90度,使盘边距躯体3—5厘米,要保持盘的平稳,不可倾斜,不可将手指伸入盘内。

端坐姿态:右手握住椅背上缘,四指并拢于外侧,拇指在内,平稳提起,放下动作要轻,以保持病房安静,坐下时右脚先稍许后退,左手抚衣裙,坐下后双手掌心向下放于同侧大腿上(或左下右上重叠放于左侧大腿巾衣处),躯干与大腿呈90度,两眼平视、挺胸抬头、自然大方),站起时,右脚稍许后退,站起。和病人交流时,与病人平视,不坐靠于病人床铺,不坐着同站着的病人谈话。

医护人员要以充沛的精力、温暖的微笑、礼貌的用语与患者交流,充分尊重患者的人格和尊严,满足患者正当的愿望和合理要求,且在病房巡视时,应做到说话轻、走路轻、操作轻、关门轻。

3. 语言交流美

医护人员的语言对患者而言可以起到"安慰剂"的作用,是进行心理健康护理的重要工具。医护人员必须掌握文明用语,吐字清晰、语气温和、语意准确,尽量消除医护人员与患者之间的屏障。

除了保持语言的礼貌谦虚外,还应富于情感,注意隐私。如清晨"你感觉如何?"等问候,不仅仅是简单的寒暄,更是一种情感交流。医护人员需要用委婉、含蓄的方式告知患者病情,以减少他们的精神压力,同时对于患者的隐私,医护人员必须履行保密的义务。

迎送用语:入院时护士要起立,热情接待,给患者及家属做出必要的解说和帮助,并护送患者到相应病床。出院时要送至病区门口,用礼貌的送别语与患者道别,祝愿对方早日康复。

护理操作用语:分操作前解释、操作中指导和操作后嘱咐三种。要求做到语气温柔,问候亲切,时刻关注患者的情绪变化并做出安抚。

(三)空乘行业服务礼仪培训

空乘礼仪作为现代礼仪的分支,主要由形体训练与现代礼仪培训两部分组成。随着中国旅游业和交通运输业的快速发展,社会对空乘人员的需求日益增加,对人才素质提出了更高的要求。同时随着社会服务发展水平不断上升,民众对服务的要求也从单一的物质服务需求转变为多层次、多元化服务需求,因此,空乘人员的礼仪素质直接影响了民航企业的服务水平,决定着民航企业的未来发展。

1. 空乘人员的礼仪培训

(1)建立完善的空乘礼仪制度。为了培养空乘人员良好的礼仪,航空公司对空乘人员的服装、服务用语等方面均有统一的规定。在工作服装方面,航空公司根据不同时间、不同航线来决定空乘人员的服装种类,并且要求机上空乘人员着装整齐、干净、大方,统一佩戴公司宣传饰品。在服务用语方面,航空公司规定了空乘人员在与乘客沟通过程中的标准用语,例如在登机过程中,空乘人员会向每一位乘客表示问候:"先生/女士,您好!欢迎登机!"在神态方面,航空公司对空乘人员进行多次理论指导和模拟训练,帮助空乘人员在面对乘客的过程中始终展现出具有亲和力的微笑,树立良好的礼仪形象。

（2）开展定期形体训练。对于空乘人员来说，保持良好的形体是空乘礼仪的基本要素之一。航班时间变动会直接影响空乘人员的正常工作时间和休息时间安排，所以为了保证每一名空乘人员在紧张的机上服务工作时，都能够保持良好的形体，航空公司会定期开展形体训练。形体训练不仅能够帮助空乘人员减轻工作过程中的身体疲惫感，改善其不良习惯，使人体达到最佳状态，而且能够通过呼吸调节、运动拉伸等帮助空乘人员减掉多余的脂肪，保持良好的形体。

（3）帮助空乘人员调节情绪。空乘礼仪并不是形式化的礼仪，空乘人员只有保持良好的工作心态才能在面对乘客的过程中展现出良好的礼仪。航空公司会通过定期开展心理咨询、指导空乘人员进行职业生涯规划、丰富空乘人员业余生活等方式，缓解空乘人员紧张的心态，释放空乘人员在工作中积累的不满情绪，从而保证每一名空乘人员都能以最饱满的精神状态投入到工作当中。航空公司在管理过程中，要更加客观和理性地面对种种问题，站在保护员工的角度上解决问题，这样能使空乘人员增加对公司的认同感和归属感，更热爱自己的职业。得到了公司的支持和帮助，空乘人员才能更好地树立信心，展现出端庄大方的良好形象。

2. 当前空乘行业服务礼仪培训的主要问题

随着社会经济的发展和人民生活水平的不断提高，我国航空业快速发展，空乘专业服务人才需求增加。空乘行业服务礼仪培训到位与否，将直接决定空乘人员的服务质量。高校是培养空乘人员的重要基地，然而，目前高校在课程结构、教学模式、实训形式等方面还存在诸多问题，主要表现在四个方面。

（1）师资队伍专业化程度偏低。目前空乘专业礼仪教师往往身兼数职，难以提供充分的教学。为缓解此类问题，高校往往选择聘用在读硕士研究生或是外聘师资，但由于无系统性的教材和充足的课时，外聘教师的教学效果也不尽如人意。除此之外，由于高校师资大多缺乏民航一线岗位的工作经历，礼仪课程的实用性难以保证。

（2）礼仪课程实践性不足。目前高校课程以知识点讲授为主，实训课程占比偏小。而空乘行业服务礼仪具有较强的操作性、实践性，实训课程难以拓展，会大幅降低学生的礼仪实践能力，服务专业化难以保证。

（3）课程内容缺少针对性，操作性差。综上所述，高校空乘礼仪课程以课堂讲授为主要方式，且教师多为学术研究型人才，缺乏民航一线岗位的工作经历。长此以往，实训课程与岗位严重脱节，学生难以进行实操，临场处理能力得不到有效锻炼,易造成教学资源的浪费。

（4）实训方法单一,学生缺失积极性。第一课堂以理论教授、案例分析、讲练方法为主,难以深入到实际工作过程。高校应考虑设置模拟环境,使实训教学多元化,提高实训效率。

四、自媒体平台的礼仪与形象管理培训课程

如今很多个人通过将礼仪与形象管理培训课程制作成线上视频或者音频的方式来获得收入。在微信公众号、喜马拉雅、千聊、抖音等平台都可以看到此类内容,这是他们打造个人 IP、获得知名度的重要阵地。

笔者调查了抖音、快手、知乎、小红书、哔哩哔哩等当下较为火爆的平台,发现做礼仪与形象管理培训的用户不在少数,且主要集中在抖音平台。

抖音平台发展较好的账号拥有超千万粉丝,其余账号粉丝量在 10 万—1000 万不等,但在其他平台,发展较好的账号粉丝量仅有 10 万。纵观其内容,以短视频的形式介绍生活礼仪的居多,也有少部分介绍政务礼仪、国际交往礼仪等。

通过自媒体平台开展礼仪与形象管理培训,除了流量变现以外,还可依托其庞大的粉丝群体通过销售课程、办培训班等方式来实现创收。这种形式更贴近百姓的生活,且内容较短,符合当下人们碎片化学习的习惯。但其弊端也十分明显,这种形式通常只能让受众学习到理论知识,实践操作很少,导致理论不能运用于实践。但礼仪与形象管理是和生活息息相关的,若不能较好地运用于生活,则价值将大打折扣。但这也为礼仪与形象管理培训打开了新局面和新思路,在今后的发展中,高校可以将课堂教学与网络教学结合起来,这样做既能提高学生的学习兴趣,也能降低成本。

五、其他礼仪协会主导的专业技能培训

（一）中国形象设计协会

目前社会上礼仪协会众多,其中中国形象设计协会是规模较大的礼仪协会。中国形象设计协会于 2002 年成立,是由中国大陆、中国香港、中国台湾,世界各地从事形象设计及其产品生产的企业、科研单位、教育机构,以及各行各业有志于形象设计的人士联合成立的非营利机构,以弘扬中华形象设计文化为宗旨、发展中华形象设计事业为己任,目前已向社会输送优秀的形象礼仪工作者 5 万余名。

中国形象设计协会自成立以来,积极联络海内外的形象设计专家,开展跨国交流,搭建东西方形象设计文化交流的桥梁,为众多单位及行业提供综合性服务。主要开设注册形象礼仪讲师班、注册礼仪培训师训练营和注册形象管理师专业班。同时及时传达政府有关政策、法规,建立行业资讯平台,刊登行业信息,为企业的发展保驾护航。本部分将以中国形象设计协会会员单位之一——风尚圈北京中形协培训中心为例介绍社会礼仪培训机构的发展现状。

(二)风尚圈北京中形协培训中心

风尚圈北京中形协培训中心于 2002 年创办,是中国形象礼仪协会直属培训中心,至今已有 20 余年的礼仪与形象管理培训经验。培训中心共开设了 47 期标准化国际礼仪班,91 期注册礼仪培训师训练营,总计 138 期礼仪班。风尚圈讲坛名家云集,共有 197 名讲师,是国内最大的礼仪与形象管理讲师团队之一,他们是全国各地培训基地的重要力量。

1. 课程安排

培训突破传统模式,将授课与研讨、演练相结合,并开展案例分析、培训游戏、测试、小组讨论、模拟演练等,在深入有效地讲解系统知识的同时,也具有实操性。此外,培训中心每年收集我国形象礼仪行业一线礼仪培训师、形象设计讲师的反馈信息,不断更新课表,其中部分课程如表 5-12 所示。

表 5-12　风尚圈北京中形协培训中心部分课程

课程名称	课程内容
开启礼仪师成长之旅	礼仪师的深度:历史是因、未来是果 礼仪师的宽度:礼仪不是教条、不必上纲上线 礼仪师的风度:礼人不答反其敬
从尊重开始解读	己所不欲、勿施于人 己所甚欲、勿施于人 入乡随俗、因地制宜 谦让才有礼、礼让不过三 有型才有礼、悦己又悦人

课程名称	课程内容
从礼规展开探究	卑己尊人的传统称谓 中西合璧的现代称谓 文化传承的"名"和"字" 中式传统仪态的特点 经立、徐行、尸坐的演示 拱手与握手:谁更高一手? 颔首与点头:君子和绅士都是礼仪达人 跪拜礼与觐见礼:威权时代的文明索引 万福礼与屈膝礼:您万福 vs 陛下金安
礼仪师的责任	传统礼仪现代化 国际礼仪中国化 中国礼仪国际化
免费选修课(实景呈现:人民大会堂会务礼仪)	
眼神: 一身之戏在于脸 一脸之戏在于眼	心明眼亮——清澈坦然的眼神训练 慈眉善目——温和柔美的眼神训练 另眼相看——热情大方的眼神训练
微笑: 谁偷走了你的微笑 微笑是最好的名片	眉开眼笑训练法 口笑、心笑训练法 眼笑、口笑、心笑综合练习
站姿与坐姿: 力学和美学 和谐才优雅	哪些站姿和坐姿最易让身体变形? 问题站姿的矫正方法 问题坐姿的矫正方法
走姿与蹲姿: 走得像不如走得好 走得好不如走得美	礼仪走姿与舞台走姿的区别 行走、侧身、转身、留头的综合训练 不同场合的优雅蹲姿
免费选修课(汽车 4S 店课程设计、汽车行业培训课程开发)	

续表

课程名称	课程内容
礼仪师优雅仪态 综合训练 1	注视礼——心、眼结合训练 问候礼——口、眼结合训练 指引礼——手、眼结合训练
礼仪师优雅仪态 综合训练 2	鞠躬礼——有形有心才能表情达意 握手礼——有情有度才能优雅得体 名片礼——有章有序才能有礼有节
服务礼仪综合运用	金融行业服务规范 金融行业服务礼仪角色扮演 医护行业服务规范 医护行业服务礼仪角色扮演 餐饮行业服务规范 餐饮行业服务礼仪角色扮演
衣服穿不对 事业受拖累	职场着装的新趋势 男士职业装"正"在哪里——事业是男人的形象 女士职业装"正"在哪里——形象是女人的事业 男士配饰的型、色、质 女士配饰的型、色、质 形象礼仪师的穿衣经
位次安排不对 其他努力都白费	中式位次礼仪的核心是什么？ 国际通行位次礼仪的标准是什么？ 中餐座次——两招理清万千头绪 会谈座次——不同的左主右客 合影位次——千差万别中的潜在规律 乘车座次——国际通行规则
免费选修课（PPT 的设计、制作方法）	
声音美学	声音的美学原理 如何让声音铿锵有力 找到适合自己的声音形象 美化自己声音的几种方法 如何塑造自己的声音影响力

课程名称	课程内容
表达礼仪	激活大脑的语言天赋 开场和结尾的激情燃放 教学现场的氛围营造 讲师情绪的科学调节 无声胜有声的课程营销 解决课堂突发事件的有效办法
免费选修课（中华文化中礼的精神）	
礼仪师成长第一阶 知己知彼	自我审视：我的优点在哪里、不足在哪里 自我完善：制定自己的成长计划 学员结构与学习心理的分析方法 教学计划与学习目标的准确对接 教学场地的几种布局模式
礼仪师成长第二阶 方法为王	开场的多种方法——哪种开场更适合你 破冰与分组——让大家都是主角 讲授、示范和案例分析——简洁、准确是王道 情景模拟、角色扮演和沙盘——是编剧也是导演 课程总结——回顾是再次自我审视
免费选修课（西餐礼仪实战演练）	
礼仪师成长第三阶 自信与突破	真诚——最有力量的表达 自信——充分准备才能胸有成竹 突破——我的敌人是我自己 培训师自身情绪的管理途径 学员的情绪管理与调节技巧 威信建立——功到自然成
礼仪师成长第四阶 翻开新篇章	培训调研——从大局着眼，从细节展开 课程开发——艺术家与企业家换位思考 培训 PPT——是技术也是艺术 风格养成——你的思想是一面旗帜

2. 证书

考试合格,颁发环球风尚联盟(GFA)"GFA 国际执业资格证书"。

环球风尚联盟是国际形象礼仪行业最大的同业组织,是世界各国同业精英开展国际合作、学术交流、资源共享的专业平台,专注于形象礼仪等风尚业态的发展和人才培养,不涉及任何政治或宗教领域。

该组织成员来自法国、日本、澳大利亚、中国、加拿大、意大利、韩国、新加坡、马来西亚、印度、英国、德国、南非、美国、瑞士、西班牙、新西兰、越南、俄罗斯等。

环球风尚联盟风尚圈,是环球风尚联盟在中国的全权业务机构,是中国行象礼仪行业走向世界的门户,也是世界同行走进中国的桥梁。

(三)形象礼仪行业相关资格证书

1. 中国形象礼仪行业专业技术职务证书

"中国形象礼仪行业专业技术职务证书"由中国形象协会颁发,是国内形象礼仪师必备的资历证明,是就业的重要依据。中国形象协会拥有国内最完整的形象礼仪师培训系统,目前已开发 25 个独立的考试模块,与美国、法国、日本等发达国家均建立了学术互动和交流机制,是中国形象礼仪行业发展的风向标(见图 5-3)。

图 5-3　中国形象礼仪行业专业技术职务证书

2. ACI 注册国际高级证书

美国认证协会（American Certification Institute，ACI），总部坐落于美国加州洛杉矶，是由美国哈佛大学、得州大学、耶鲁大学、加州大学、杜克大学、森坦那瑞大学商学院等数十个著名院校的专家教授共同组成的在全球范围内从事国际职业认证的专业机构，长期致力于专家级高水平认证、考试服务（见图 5-4）。

图 5-4　ACI 注册国际高级证书

3. 商业职业技能鉴定中心高级证书

中国商业联合会商业职业技能鉴定指导中心是人力资源和社会保障部批准设立的，是负责商业等服务行业职业技能鉴定及相关工作组织实施的事业法人单位（见图 5-5）。

4. 全国职业人才认证管理中心的职业人才技能证书

全国职业人才认证管理中心隶属于中国管理科学研究院区域改革发展研究所，是经中央编办批准设立的事业单位。

中国管理科学研究院是由国家科委于 1987 年 6 月 2 日正式批准建立的国家科研事业单位。其历史悠久，是我国专门从事管理科学和相关交叉科学研究的新型科研机构。2012 年 8 月 2 日，国家事业单位登记管理局根据国家事业单位体制改革政策，向中国管理科学研究院颁发了新的事业单位法人证书，其现为国际管理学者协会联盟（IFSAM）理事单位（见图 5-6）。

图 5-5　商业职业技能鉴定中心高级证书

图 5-6　全国职业人才认证管理中心的职业人才技能证书

5. 中国管理科学研究院的专业人才职业技能证书

中国管理科学研究院是中央编办批准成立的国家事业单位,证书由中国管理科学研究院职业教育研究所颁发。

本证书作为岗前培训、在职培训、职业技能提升培训、创业培训的证明,是劳动者任职的依据之一,持证人应严格遵守国家有关法律、法规,恪守职业道德(见图5-7)。

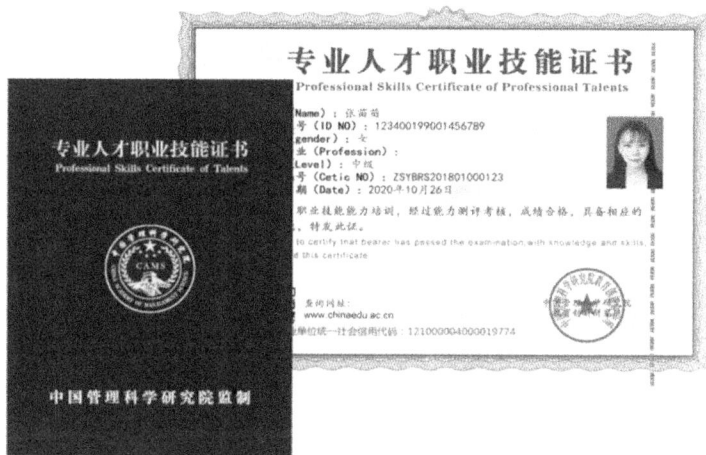

图 5-7　中国管理科学研究院的专业人才职业技能证书

第三节　我国社会专业礼仪与形象管理培训

个人形象管理在广义上是一门包括美学、时尚学、形象设计学、礼仪学、社会心理学等的新兴综合性学科。但在日常生活中,个人形象管理是指通过对个人着装、妆容、仪态进行有效管理,建立起良好的个人形象。其中形象管理包括衣饰管理、妆容管理、言行举止管理等诸多内容,其中,比较重要的是个人衣饰管理及个人妆容管理。

形象礼仪行业在国内起步较晚,但近些年发展较快,大多是以个人形象管理工作室的形式存在,帮助客户解决个人形象问题,如根据客户的体型、肤色、发色等信息,帮助客户定位适合的服装颜色、发型等。这类工作室非常多,但是总体来说规模较小,经营状况差异较大。

我国现有的礼仪与形象管理培训主要分为三种方式,三种方式各有特色。

第一种是在北上广深等一线城市,培训费用为8000元左右。在一线城市,礼仪与形象管理培训属于教育文化范畴,培训班主要分为两种:形体和礼仪。培训目的在于改善形体,提升外在气质,纠正礼仪,培训全面,知识更为专业化。相对于形体老师、舞蹈老师来说,礼仪与形象管理培训师目前在一线城市发展较好。

第二种是在二、三线城市,培训费用为 3000 元左右,对于二、三线城市来说,礼仪与形象管理培训班多为礼仪应用课或礼仪课,培训老师大多来自一线城市,知识系统化和专业化程度较弱,却更加实用。

第三种是在线课程,培训费用约为几百元。在线课程的培训时间控制在半小时以内,时长较短,多为倾倒式知识灌输。礼仪与形象管理本身是一门应用艺术,只有体验到一线讲师的方法和技巧,才能感受到该培训带来的文化提升和气质熏陶作用。在线课程可以教授更多关于生活应用礼仪的知识,但实践效果不尽如人意。

就目前行业发展而言,优秀的礼仪与形象管理培训资源还紧紧握在少数人的手里。优秀的、有丰富形象礼仪与形象管理培训经验的老师课酬较高,一般公司请不起。而刚入行的礼仪与形象管理培训师很少能直接单独授课,所以现阶段该行业处于断层期。

目前各行各业都面临着激烈的市场竞争和更为丰富多样的客户群体,为了应对新冠疫情带来的不利的经济环境,也为了提升整体竞争力,众多企业开始着力塑造更好的企业形象和打造高品质的企业文化,纷纷对企业员工进行各类礼仪和形象方面的培训,以积极提高员工礼仪素养,保持发展的动力。这无形之中使得国内市场对礼仪与形象管理培训的需求不断增加,礼仪与形象管理培训师开始出现供不应求的现象。

例如,为加快高素质人才培养的步伐,增强大中专院校毕业生和职业人士的就业能力和职业竞争力,全国职业核心能力认证办公室在全国范围内开展职业沟通、自我管理、礼仪培训等核心能力培训。该办公室开办礼仪指导师培训班,依托以成果为导向的教学方法,从社交礼仪、政务礼仪、商务礼仪等多方面进行教学,旨在培养全方位、高素质的人才,以增强其核心竞争力。礼仪与形象管理培训涉及的东西很多,如礼仪与形象管理的基本理念、不同工作的不同礼仪要求和运用、男性/女性职场形象的塑造、名片礼仪、握手礼仪、会议礼仪、拜访礼仪、接待礼仪等。

此外现在有越来越多的人愿意为服务付费,这是一种趋势。付费服务的意识,尤其是中产阶级的付费服务意识在不断加强。国内有不少礼仪与形象管理培训师的培训机构,如北京有把色彩管理从日本带到中国的西曼色彩,还有中国形象管理协会、北京服装学院的继续教育学院等,上海和深圳也有很多此类机构。

互联网的快速发展、线上教育的崛起,推动了各行业对教育模式的探索。各行业都在发展在线教育平台,这是每个行业发展的必然趋势。

形象礼仪行业也开拓了线上课程教学的新形态,这一举措引起了广泛热议。绝大多数从业者表示,行业发展必须紧跟潮流,推陈出新,只有这样该行业才能大踏步地向前发展。

就目前发展而言,形象礼仪行业需要借鉴其他行业线上发展的模式,打破传统线下教学的固有模式,在降低培训价格的同时,着力提升培训的效果,走出行业断层期。

第六章　高校青年礼仪与形象管理培训

第一节　高校系统化礼仪与形象管理培训

礼仪作为一种制度规范和价值载体,具有敦风化俗的教化功能。当代高校青年大学生作为正在接受高等教育的高级专业性人才群体,理应发扬新时代高校青年的优良品质。然而大学礼仪教育集中化、团体化等问题,急需解决。

浙江大学在此背景下开展的"德礼相济·博雅修身"高校青年礼仪素养提升工程,为提高高校青年礼仪素养与形象管理能力提供了系统化培养方案。本节将通过分析浙江大学"德礼相济博雅修身"礼仪与形象管理培训班,探索高校青年的德礼教育系统化、常态化以及辅导员队伍专业化发展路径。

一、项目简介

孔子云:"礼者,敬而已矣。"礼仪,并不仅仅是一套形式,更在于其关于"尊重"的内涵。人无礼则不生,事无礼则不成,国无礼则不宁。"德礼相济"恰恰体现了内化的"德"与外显的"礼"之间相辅相成的关系。自从孔提出"礼"后,从古到今,礼仪已经传承了2500多年,中国因此成为"礼仪之邦"。人类社会发展的历史证明,礼仪是不能被忽视的。知晓礼仪的原理和规则,能够改善人际关系,促进交流了解,消除隔阂,营造良好氛围,正所谓"礼兴人和",人与人之间就能和谐共处。高校青年更应当知礼学礼,这样才能在与人交往过程中以礼相待、尊重他人,才能获得他人的赞赏和肯定,建立良好的人际关系。随着社会经济的进步与发展,国际化程度的日益加深,礼仪素养越来越成为高校青年综合素养的重要内容。在高校青年中开展德礼教育,加强对高校青年礼仪素养的培养,不仅是为了满足高校思想政治教育工作的要求,也是为了满足时代和社会发展的迫切要求。

在此背景下,浙江大学于2011年正式启动了"德礼相济·博雅修身"大学生礼仪素养提升工程。该项目坚持"德礼相济·博雅修身"的主题,坚持"德成于中、礼形于外"的理念,通过高校青年自我形象的塑造,以及基本社交礼仪与人际沟通技能的培养,切实提高高校青年礼仪素养,同时在项目实践中坚持"师生共进"的理念,坚持由一线辅导员担任课程主讲师,将高校青年综合素质的培养与辅导员个人成长结合起来,使得学生礼仪素养的提升和辅导员队伍专业化建设同步推进,在校内校外各大媒体的关注下浙大掀起了一股"礼仪之风"。

经过一年多的培育,该项目成功在教育部 2013 年高校辅导员工作精品项目中立项。自立项以来,经过两年的发展完善,项目已初见成效,为高校青年的德礼教育和辅导员队伍专业化发展做出了有益的探索和贡献。

二、项目内容与成效

在浙大的重视和支持下,该项目除获得教育部 2 万元建设经费之外,还获得了学校"985"工程近 20 万元的项目建设经费,并于 2014 年 3 月正式成立了浙江大学礼仪与形象管理中心,下设辅导员礼仪与形象管理工作室,这使得项目组的工作有了稳定的工作团队和平台依托。在项目组全体辅导员的共同努力下,项目组顺利完成了预期工作,并取得了较好的实践成效。项目组依托中心开设了"德礼相济·博雅修身"礼仪与形象管理培训班 20 余期,包括组织讲座 200 余场,工作坊 100 余场,知识竞赛 20 场,酒会舞会 10 场,累计招收来自全校 30 多个院系的参训学员 1000 多人,间接辐射和影响学生上万人次。

(一)建立高校思政工作"新阵地"

项目通过开展高校青年礼仪与形象管理培训班,不仅打造了高校青年礼仪素养提升的品牌活动,将德育融入学生礼仪素养提升过程中,更通过让辅导员自主设计课程模块和教学形式,进一步激发了辅导员的育人功能,开拓了高校思政工作的"新阵地"。

1. 立足大学生礼仪与形象管理培训,打造礼仪素养提升工作新品牌

该项目针对高校青年实际需求,开办"德礼相济·博雅修身"礼仪与形象管理培训班,推出形象设计管理、礼仪技巧培训、人际沟通技巧、社交能力培训等四大模块,并围绕四大模块的内容,设计了学院选拔、"博雅"系列讲座、专题团体辅导、礼仪知识竞赛、社交实战训练、"世界咖啡"成长体验交流会等六大培训环节,形成了全方位、立体式的高校青年礼仪与形象管理培训体系。经过不断发展完善,该项目已成为浙大的品牌活动,连续三年获得浙江大学"985"三期、四期"学生综合素质能力推进工程"和"一流大学"本科建设规划项目资助,并均在年度评选中被评为优秀项目,引起师生广泛关注。

2. 践行辅导员教师身份,激发思政教育工作新动力

该项目的老师均是来自公共管理学院、医学院、海洋学院、机械工程学院、求是学院丹青学园、蓝田学园、云峰学园等学院的一线辅导员。由辅导员担任培训师,不仅解决了项目师资可持续发展的问题,更使辅导员在日常繁杂的事务工作之外,有了"走上讲台"的机会,强化了辅导员的"教师"身份。不仅发挥了辅导员的育人功能,更增强了辅导员的职业认同感,激发出思想政治教育工作的新动力。

3. 坚持培训课程精细化,探索第二课堂教学新形式

该项目坚持课程精细化建设方向,积极探索课堂教学新形式,采用工作坊、专题团体辅导、"世界咖啡"成长体验交流会等新的教学形式,给予每个学生充分的关注,激发了他们的学习热情。此外,该项目还积极探索培训班开班新模式,并于2015年尝试开设了假期集中培训班。假期集中培训班不仅降低了组织成本,提高了教学效率,更保证了培训的持续性,强化了培训效果,再一次在浙大掀起了礼仪和形象管理的学习热潮。

(二)探索辅导员专业化"新路径"

该项目以辅导员礼仪与形象管理工作室为载体着力于推动辅导员队伍专业化建设,不断强化辅导员自身专业技能培训,细化辅导员业务专长,提升辅导员理论素养,打造辅导员专业团队,不仅建立起了一支能组织活动、能上讲台的辅导员队伍,更为辅导员队伍专业化建设提供了实践平台,探索出一条辅导员专业化的新路径。

1. 实施辅导员成长计划,打造辅导员专业团队

辅导员礼仪与形象管理工作室有计划地为辅导员提供校外培训机会,利用寒暑假派辅导员参加各类专业机构的培训。工作室成员先后获得礼仪培训师、心理咨询师等多项资质证书,目前均已具备开设专题讲座的经验和能力,辅导员专业团队基本形成。校园内,从求是学院到竺可桢学院,从低年级本科生到高年级研究生,从启真人才学院到青年素质发展中心,从辅导员课程超市(工作坊)到各大校园文化活动,都活跃着工作室辅导员的身影。

2. 发挥辅导员自身优势,细化辅导员业务专长

辅导员礼仪与形象管理工作室针对辅导员不同的特点和优势,有意识地强化辅导员不同的业务专长。中心执行副主任包松老师是国内礼仪与形象管理领域的资深专家,先后获得国际注册高级礼仪讲师、GCDF全球职业生涯规划师、色彩形象顾问等多项资质证书。此外,卓亨逑老师讲授着装礼仪,陈超

老师讲授职场礼仪,闫小龙老师讲授餐饮礼仪,车淼洁老师讲授沟通礼仪,韩永亮老师讲授形体礼仪,苏腾老师讲授社交礼仪,潘临灵老师讲授化妆礼仪,工作室辅导员的身影活跃于学校各个学院和学生组织的各项活动当中。

3. 坚持辅导员科研训练,提升辅导员理论素养

辅导员礼仪与形象管理工作室除了推动辅导员走上讲台之外,坚持辅导员科研能力培养,定期召开组内研讨会,组织辅导员对讲座教案和工作体会进行深入的交流和探讨,在研讨中碰撞思维火花,为辅导员提升理论素养创造良好氛围。此外,工作室还积极鼓励成员及时将实践经验转化为理论成果,并将理论成果推广应用到具体实践中去。目前,由工作室成员撰写的《模块培训模式在礼仪培训中的适用:以某校培训实践为例》和《大学生社交礼仪文化学术探究——以浙江大学为例》等论文已经公开发表。

(三)引领高校校园文化"新风尚"

随着项目影响力不断增加,礼仪与形象管理中心辅导员的身影开始在浙江工业大学、杭州电子科技大学等兄弟院校的品牌活动中频现。包松老师、卓享逵老师更是受邀为浙江省高校辅导员做岗前礼仪与形象管理专题培训,并先后赴省内外多个高校进行项目建设经验交流,推广项目建设成果与经验。此外,该项目还成立了浙江大学学生礼仪与形象管理协会,并积极做好平台宣传和推广工作,通过媒体报道、经验推广等方式在校内外掀起了高校校园文化新风尚。

1. 组建学生团队,实现学生组织自我管理

浙江大学学生礼仪与形象管理协会在礼仪与形象管理中心的指导下成立。作为在校园内推广礼仪文化、开展德礼教育的学生团队,协会成员由有志于提升礼仪素养与形象管理能力的在校大学生组成,他们依托中心自发组织开展高校青年礼仪与形象管理相关活动,丰富校园文化。通过专业化学生团队的组建,整合多元力量,实现学生的自我培训、自我管理、自我提升。

2. 弘扬礼仪文化,打造良好的大学校园文化

该项目注重宣传推广,通过摄影摄像、撰写"美丽感言"、新闻报道等方式,对活动进行全程记录。开通微信公众号,定期推送活动新闻和礼仪知识,发挥校园文化建设的引领作用。包松老师多次受邀到全国各地讲授礼仪与形象管理课程,传播礼仪文化;浙江大学求是新闻网全文刊登了包松老师《礼主别异兮,乐主和同——包松谈大学生礼仪规范》和《致15级新生:如何成为校园一道亮丽的风景线》等主题文章。该项目入选浙江大学"2014年校园文化建设优秀品牌项目",并受到校内外多家媒体的争相报道,在校园内外掀起了学习礼仪的热潮。

3. 推广项目经验,探索高校思政工作范式

该项目将大学生德育融入技能培训中,探索高校思政工作范式,努力成为辅导员精品工作项目。该项目成立以来,礼仪与形象管理工作室的老师一直活跃在校内外各项思政工作中,并在兄弟院校不断推广项目经验。浙江大学竺可桢学院青马工程领袖培训计划、求是学院丹阳青溪学园卓越计划、杭州电子科技大学"女生节"等兄弟院校的品牌活动中均有工作室辅导员的身影。

三、项目经验与发展

(一)项目经验

经过多年的培育与发展,项目的实施效果明显,受到广大师生乃至社会各界的广泛好评。总结起来,主要经验有以下四点。

1. 立意高远——德育与素养提升相融合

该项目将学生德育与礼仪素养提升相融合,使学生在礼仪素养与形象管理能力提升的同时,自觉践行"德礼相济"的项目理念,实现"博雅修身"的德育目标,将德育教育融入学生礼仪素养提升过程之中。

2. 寓教于乐——传统教学与创新形式相结合

该项目将传统教学与创新形式相结合,通过工作坊、专题团体辅导、"世界咖啡"成长体验交流会等创新形式的开发和知识竞赛、酒会舞会等实战环节的设计,给予每个学生充分的关注,寓教于乐的形式受到了学生的欢迎和肯定,激发了学生的热情,提升了培训的实效性。

3. 兼容并蓄——校内平台与校外资源相整合

该项目以兼容并蓄的开放心态积极整合校内外多方资源。一方面,利用礼仪与形象管理中心的平台与校外多家礼仪与形象管理培训机构建立合作交流关系,并结合校内学生实际,将多个课程整合为贴近学生、面向学生的课程,形成自己的培训特色。另一方面,中心辅导员积极参与浙江工业大学、杭州电子科技大学、浙江工商大学、浙大城市学院等兄弟院校的学生素质培养工作,在参与过程中不断加强校内外交流与合作,进一步推动资源整合。

4. 师生共进——学生培育与辅导员成长相耦合

该项目重视学生培养与辅导员成长之间相辅相成的关系,坚持由一线辅导员担任课程主讲老师,将高校青年综合素质的培养与辅导员个人成长统一起来,使得学生礼仪素养的提升和辅导员专业业务能力的培养同步实现,既达

到了高校青年德育和素质提升的目的,也为辅导员专业化发展提供了实践和锻炼平台。

(二)项目发展计划

在认真总结项目实施经验和成效的基础上,项目组计划在后续工作中重点开展以下几个方面的工作。

1. 强化工作室建设,推动辅导员队伍专业化

坚持"师生共进"育人理念,深入研究新时期学生成长规律,致力于学生礼仪素养提升,将德育融入学生素养提升中。该项目将在继续开设礼仪与形象管理培训班的同时加强辅导员礼仪与形象管理工作室建设,进一步推动辅导员队伍专业化建设。

2. 继续完善培训课程,推动课程走进第一课堂

在不断完善培训班教学工作的基础上,依托中心编写的《大学生礼仪与形象管理读本》,深入探究礼仪与形象管理的内涵,充分挖掘礼仪与形象管理和高校思政工作的内在联系,制定教学大纲,着力完善礼仪与形象管理培训课程,并致力于让培训课程走进第一课堂。

3. 发挥中心服务功能,为师生提供个性化指导

在开办"德礼相济·博雅修身"礼仪与形象管理培训班的基础上,推出"私人订制"咨询服务,通过在特定时间设立固定的咨询服务点,接受校内师生的个性化咨询,提供"一对一"的礼仪与形象管理指导,进一步发挥中心的服务功能。

4. 积极拓展对外合作渠道,不断扩大项目辐射作用

依托礼仪与形象管理中心,不断拓展合作单位与资源渠道,编写专业的教材读本,推出个性化的服务项目,形成独特的项目文化,将浙江大学礼仪与形象管理中心打造成培育高校辅导员、开展高校德育、举办公益活动的示范中心,搭建起一个立足高校、服务社会的平台,发挥中心更广泛的辐射作用。

第二节　高校个性化礼仪与形象管理培训

随着时代的发展,各大高校也在不断深入探索对大学生综合素质的培养。除浙江大学对高校青年的系统化礼仪与形象管理培训外,其他高校基于对课程实践性和生活化的结合的重视,纷纷开展个性化礼仪与形象管理培训,实现相关课程的社会化、生活化和实用化。

因此,本节将以杭州市各大高校为例,通过阐述选修必修结合的第一课堂礼仪与形象管理培训和以讲座、礼仪协会、训练营等为基础的第二课堂礼仪与形象管理培训,深挖高校个性化培养的经验,为未来高校有针对性地开展礼仪与形象管理培训提供经验。

一、第一课堂形式下的礼仪与形象管理培训

第一课堂指通过开设礼仪与形象管理培训相关课程,向全体师生提供课程服务。当下综合类高校如杭州电子科技大学第一课堂的礼仪与形象管理培训主要集中在高校青年职业规划类或者素质拓展类课程,以及个别专业的选修课(见表 6-1)。

表 6-1　第一课堂的礼仪与形象管理培训相关课程
——以杭州电子科技大学 2022 年培养计划为例

课程类型	课程名称	主要内容	选课对象	开课频次	学时
素质拓展类必修课	大学生职业生涯规划指导 1	帮助学生通过对自我性格、兴趣、能力、价值观的探索,认识自我,了解职业信息分类和内涵	大二年级学生	43	8 学时
	大学生职业生涯规划指导 2	帮助学生认识职业生涯规划、决策的重要性,让学生了解自我管理、能力提升、社会实践与职业发展的关系	大二年级学生	39	8 学时
	大学生职业生涯规划指导 3	帮助学生提高择业过程中的心理素质,让学生掌握求职礼仪	大三年级学生	40	8 学时
	大学生职业生涯规划指导 4	通过自我目标管理、情绪管理、人际沟通协作等训练,帮助学生提高职业能力,适应角色转换,实现生活与工作的平衡发展	大三年级学生	37	8 学时
	思想品德修养	人际交往	大一学生	40	16 学时

课程类型	课程名称	主要内容	选课对象	开课频次	学时
专业选修课	才艺训练	形象设计管理 礼仪技巧培训 人际沟通技巧 社交技能培训	全体学生	2	32学时
	国际商务谈判	帮助学生掌握国际商务谈判的含义;全面了解和把握国际商务谈判的特征	国际经济与贸易专业学生	2	32学时
	现代礼仪	弘扬中华优秀传统文化,通过文明形象塑造、沟通交往技巧、求职面试礼仪等教学内容,帮助学生提升文明形象、提高交往能力	全体学生	2	32学时
	国际商务礼仪	以国际商务活动为线索,涉及国际商务活动各个环节中相关的礼仪规范,帮助学生掌握相关商务礼仪	英语专业学生	2	32学时
	中外礼仪	普及中西礼仪知识,培养合格的跨文化交际人才	汉语国际教育专业本科生、留学生	1	32学时

（一）素质拓展类必修课

现如今各大高校礼仪与形象管理培训课程主要融入在高校青年职业生涯规划类、素质拓展类必修课中,包含自我探索、社会实践能力提升、求职礼仪培训、形象设计管理等内容,专门的礼仪与形象管理培训课程设置较少,礼仪学习未实现常态化。

(二)专业选修课

除了素质拓展类课程外,部分高校也开设了"才艺训练""国际商务礼仪"等选修课,作为国际经济与贸易、汉语国际教育、商务谈判等专业的选修课,注重相关素质能力的培养,采用实践为主的教学模式,兼具应用性与实用性。这类课程大多是以小班化教学的形式针对特定专业安排的实践类课程或者专业选修课,一般在 16 课时左右。

二、第二课堂形式下的礼仪与形象管理培训

第二课堂教学指在第一课堂外的时间进行与第一课堂相关的教学活动。目前,杭州市高校礼仪与形象管理培训第二课堂主要分为特色训练营或专题礼仪项目、礼仪协会、以传统节日为载体的专题讲座,以及答辩礼仪指导四大类。通过礼仪文化专题、讲座、文化沙龙、礼仪培训等与学生学习生活息息相关的活动,吸引有兴趣、有需要的师生参与,有计划地指导师生,实现培训效率最大化。

第二课堂是对第一课堂的有效延伸和补充,既有第一课堂的知识教授,又可以规避第一课堂枯燥、实践困难等问题,增强学生创造性、灵活性、适应性,有效提高知识转化率、实践率。它是扩大学生知识面和信息传递的重要渠道,能激发学生的学习兴趣,营造积极的氛围,实现礼仪教育从"要我发展"到"我要发展"的转变。杭州市各大高校相关案例如表 6-2 所示。

表 6-2　第二课堂的礼仪与形象管理培训案例

类型	名称	主要内容	对象
特色训练营或专题礼仪项目	杭州电子科技大学"德礼营"	开展礼仪形象、职业形象、志愿服务礼仪、答辩形象管理指导	杭州电子科技大学经济学院学生
	"青马工程"	以"青马工程"为载体,开展礼仪文化专题讲座	杭州电子科技大学学生
		依托"青马工程",开展精英礼仪培训班	浙江农林大学学生

类型	名称	主要内容	对象
礼仪协会	浙江传媒大学礼仪队	对通过考核的成员进行礼仪知识、礼仪妆容、礼仪形态等培训	浙江传媒学院学生
	浙江财经大学礼仪队		浙江财经大学学生
以传统节日为载体的专题讲座	"三八"妇女节中国传统丝绸文化沙龙	依托"三八"妇女节,将礼仪与形象管理培训融入穿搭分享中,将理论知识与实践紧密结合起来	杭州电子科技大学学生
	五四青年节礼仪培训进校园	校企合作,引进校外礼仪培训资源,弥补了高校专业师资不足的缺点	浙江工商大学学生
	国际志愿日培训	依托国际志愿者日,为培养志愿者基本的礼仪规范,开展志愿者礼仪培训专题讲座	浙江育英职业技术学院学生
以竞赛答辩为主的答辩礼仪指导		为校内师生带来专业的答辩礼仪指导,培养师生的礼仪姿态、精神面貌,提高竞赛成功率	杭电学生

（一）特色训练营或专题礼仪项目

1. 专题礼仪项目

部分高校会将礼仪素养的培养作为党建或者学生工作的品牌项目推进。例如,杭州电子科技大学一年一度的"女生节",又如杭州电子科技大学经济学院"五育"新青年品牌项目,其中德礼营项目就是围绕提升高校青年礼仪素养开展的。该项目以中国传统礼仪文化为基础,坚持"德礼相济"的育人理念,以学生德育为主要内容,坚持以德育人、以礼待人,依托支部书记和学工辅导员,培养能够承担礼仪相关培训工作的学工辅导员和学生骨干,并通过骨干带动支部成员,支部辐射群众,服务校内外德育工作。推动落实立德树人的根本任务,从志愿服务、学科竞赛、毕业论文、求职面试等各方面促进学生成长成才,以"三指导"为主要落脚点。

职业形象指导,职业形象是指我们在职场树立的形象,包括外表形象、知识结构、品德修养、沟通能力等。职业形象可以通过衣着打扮、言行举止来体现,而良好的职业形象是职业生涯发展的敲门砖。

志愿服务礼仪指导,志愿服务中展现的通常是志愿者的风采,而在特定的志愿服务工作中展现的是工作人员的职业形象。通过相关讲座及培训,为校内外各类赛会提供志愿服务礼仪指导,志愿者在学习中进一步为自己的志愿服务工作和生活增添光彩。

答辩礼仪指导,答辩是高校青年需要掌握的重要技能,在答辩中,大部分听众是自己的老师和前辈,礼仪得体与否直接影响答辩者的形象气质,并间接影响听众的情绪与评价。礼仪在答辩过程中非常重要,因此要开展相关答辩前培训及模拟实践,帮助答辩人熟练掌握答辩礼仪。

2."青马工程"

(1)以"青马工程"为载体,开展礼仪文化专题讲座。依托各高校的"青马工程",将礼仪素养的培养作为青年综合素质培养的重要内容。礼仪素养培养能提高高校青年的人际关系处理能力,这是他们走向社会必须掌握的技能。部分高校如浙江工业大学、杭州电子科技大学、工商大学、浙江财经大学通过安排不同的专题讲座,加强对国际礼仪、乘车礼仪、座次礼仪等日常社交礼仪的培养。

(2)依托"青马工程",开展精英礼仪专题培训班。有些高校为了强化礼仪素养培养在"青马工程"中的重要性,开设了专题培训班,如浙江农林大学的青马工程精英培训班礼仪培训课,由茶文化学院钟斐老师主讲。礼仪培训课以学生学习日常礼仪,注重礼节,从而形成校园礼仪文明新风为目的。礼仪培训课涵盖了商务礼仪与政务礼仪的方方面面,通过亲身示范、现场演练、提问互动等方式,讲解礼仪的思想渊源、文化背景,站坐走蹲、手势、表情等仪态语言,以及语气、着装、电话礼仪、握手礼等行为规范。以精英培训班的形式开展礼仪培训,通过培养精英学生的礼仪,带动普通学生学习礼仪,在高校青年中形成打造礼仪文化学习的浓厚氛围,对于进一步促进高校青年礼仪文化学习常态化起到至关重要的作用。

(二)礼仪协会

随着高校青年礼仪教育越来越受到重视,各高校纷纷设立礼仪协会,通过协会组织开展礼仪与形象管理培训等相关活动。

1. 浙江传媒学院——青春之美,礼仪先行

由浙江省大中学生校园文化节组委会主办的浙江省大学生青春礼仪大赛,旨在培养高校青年知礼、习礼、尊礼、用礼的意识,塑造文明礼貌、自信大方的新时代青年形象。以继承和弘扬中国优秀传统礼仪文化为基点,激发当代高校青年的热情与创造力,弘扬青春梦想,传递青春正能量。

浙江传媒学院注重发展学生多方面才能,通过建设礼仪队和举办礼仪大赛,将本校学子的风采更好地展示在众人面前。同时礼仪队通过精心设计展示了志愿者服务世界互联网大会的情景,演绎了志愿服务过程中的点点滴滴,吸引更多学生对礼仪文化产生兴趣,引导学生主动学习礼仪知识,推动礼仪与形象管理培训的主动化。

2. 浙江财经大学——"学涯湖的蓝天鹅"

浙江财经大学的礼仪队有一个雅称——"学涯湖的蓝天鹅",队员经过层层选拔才能加入这个队伍。每当有新队员加入,礼仪队会聘请礼仪老师给新队员进行三个阶段的礼仪培训,包括礼仪知识、礼仪妆容、礼仪形态。培训结束后,队长和副队长会对队员进行全方位的考核,只有通过考核的队员才能参加礼仪活动。同时礼仪队会聘请专业的摄影师,给每位队员拍摄集体和个人定妆照,为每个人制定专属名片。

浙江财经大学礼仪队曾参加中国经济学家高端论坛、浙江省大学生乡村振兴创意大赛等活动,通过专业的训练打造了良好的青年形象。通过礼仪队的活动,可激发校内学生对礼仪与形象管理的兴趣,吸引学生主动参与礼仪与形象管理培训。

3. 杭州电子科技大学——修礼涵仪

杭州电子科技大学礼仪服务管理中心始建于 2001 年,隶属于共青团杭州电子科技大学委员会。

礼仪服务管理中心秉承修礼涵仪的育人理念,传播杭电精神,积极促进校园文化建设,致力于为当代高校青年提供素养提升的机会,提供综合、全面的礼仪相关培训项目,着力于培养一支高素质人才队伍,提升高校青年礼仪服务水平和个人素质修养。

4. 浙江工商大学——志愿于心,优礼先行

浙江工商大学礼仪志愿者服务队下属校志愿者协会,主要负责学校各项活动的引领、颁奖等礼仪志愿服务工作,同时还为各项会议、比赛提供礼宾服

务,是一支公益性志愿服务队。

礼仪志愿者服务队以"志愿于心,优礼先行"为宗旨,为校内外各项活动提供优质的礼仪服务。礼仪志愿者服务队面向全校女生招募队员,在校团委的指导下,由校志愿者协会活动服务部管理。

5. 浙江理工大学——用心经营自我,真诚传递微笑

浙江理工大学礼仪队,是广大礼仪工作爱好者相互学习、交流进步的组织,在校团委领导下展开工作。

礼仪队以"用心经营自我,真诚传递微笑"为宗旨,在校内外开展礼仪接待活动,树立理工大学新形象。以健康向上的礼仪活动丰富校园文化,传播礼仪知识,提高礼仪队学生的自身素质及为全校学生树立形象楷模。

(三)以传统节日为载体的主题讲座

在"三八"妇女节、五四青年节、国际志愿者日等节日到来之际,各高校会以青年礼仪和形象管理作为重要内容开展主题讲座等活动。

1. "三八"妇女节中国传统丝绸文化沙龙

杭州电子科技大学从2016年开始每年依托"三八"妇女节举办高校青年形象管理、丝巾文化等主题讲座,向学生介绍服饰色彩搭配和丝巾搭配的方法。将礼仪融入生活,依托"三八"妇女节吸引学生的注意力,激发他们学习礼仪的兴趣,既能将礼仪文化的理论知识带给学生,也能促进学生将此运用于生活。将礼仪与形象管理培训融入日常穿搭和丝巾搭配分享中,形式新颖,教授学生日常穿搭、重要场合穿搭和形象管理的技巧。

2. 五四青年节礼仪培训进校园

中国铁路上海局集团有限公司杭州客运段以"青马工程"为契机,在五四青年节来临之际,与浙江工商大学信电学院、艺术学院联袂举办"青春心向党建功新时代"系列活动,以青春的名义为五四青年节献礼。高铁专运列车长毛惠琦为青峰班的学生带来礼仪课,从站姿、坐姿到引导,内容丰富,课程颇受学生喜爱。同时校企合作的方式,在一定程度上弥补了高校专业师资不足的缺点,引进外部资源可为学生带来更丰富的体验。

3. 国际志愿者日培训

浙江育英职业技术学院连续多年依托国际志愿者日,为培养志愿者基本的礼仪规范,开展志愿者礼仪培训专题讲座。校青年志愿者协会邀请浙江育英职业技术学院院团委青年志愿者中心主任开展"志愿者礼仪培训专题讲

座",通过培训详细地阐述了志愿者礼仪四个方面的内容——礼仪规范、志愿者见面礼仪、志愿服务言语礼仪及志愿服务礼仪,使高校青年志愿者对礼仪规范化有更直观、更全面的认识,这有利于后期志愿者活动的顺利进行,也有利于更好地展示高校青年志愿者的精神和形象。

（四）以竞赛答辩为主的答辩礼仪指导

在高校中,竞赛是师生学习生活中不可或缺的一部分。对于各种竞赛而言,专业素养是非常重要的影响因素,同时路演答辩也是不可或缺的部分。

因此,高校着眼于竞赛服务,通过为校内师生带来专业的答辩礼仪指导,提升师生的礼仪姿态、精神面貌,提高竞赛成功率,同时通过这种方式将日常礼仪融入教学,更能激发师生的学习兴趣。各个高校在"挑战杯"等大型竞赛答辩之际,都会邀请专业人士对答辩老师和学生进行礼仪与形象管理培训。例如,杭州电子科技大学每年平均开展小规模的答辩礼仪指导培训十余次,同时会对参赛老师和学生进行一对一的持续指导。

学生习惯于有目的的学习是不可否认的事实,若将礼仪与形象管理培训作为普通的兴趣社团展开,感兴趣的学生可能较多,但能投入时间和精力的学生比例会较低。将礼仪与形象管理培训融入竞赛服务,对于学生而言是带有利己目的的学习,会更有动力,潜移默化之下,学生会无意识地将所学到的理论知识运用于实际,事半功倍。

三、个性化礼仪与形象管理培训的经验及发展

（一）因地制宜,依托学校特色发展

各大高校系统性开展礼仪与形象管理培训时,要因地制宜,依托学校特色开展培训。例如,在学校的文化主题月中,将礼仪与形象管理培训和志愿、心理、就业等主题相结合,开展志愿者礼仪培训、加强自我管理等相关讲座。各学院可以结合自身的特点,举办各个专业的职业礼仪讲座。此外,要充分发挥第二课堂的重要作用,灵活联合各级学生会、社团、礼仪队等学生组织,让学生主动参与建设校园礼仪文化,在活动中感悟礼仪的魅力、实践礼仪知识,弘扬文明礼仪之风。与此同时,也不能忽略对通用礼仪知识的宣传教育。高校可以利用思政课、职业规划课程等,加强对学生思想道德的教育,以培养高校青年谦逊严谨、自信大方的态度。

（二）因材施教,依据学生需求培训

通用礼仪知识传递可以构建学生对礼仪与形象管理的基本认知,但远不

能达到实用性的要求。为了更好满足学生在不同场合的礼仪需求,高校可以采用问卷调查及摸排调查的方式,收集学生真实的诉求,提高针对性,更加有效地提升学生的学习积极性。高校应将礼仪教育纳入学校的办学理念、教学目标和发展战略,引领教育教学工作,形成全校师生参与的积极氛围。在具体实践上,结合实际的同时也要鼓励大胆创新,注重思想道德教育与礼仪教育的结合,增强德育工作的实效性和感染力。重视对学生仪容、仪表、仪态的培训,提升学生的审美能力及鉴赏能力,打造健康积极的青年形象,帮助学生树立正确的人生观、价值观,打造新时代高校青年礼仪素养提升新路径。

(三)因时施教,开展多元化培训

1. 礼仪讲座培训

讲座是各大高校除课堂外最重要的知识传授形式之一,但传统的讲座较为枯燥乏力,礼仪讲座也过于注重知识的灌输及外在形象的改变,而忽略了内在精神的培养,易使得学生难以集中注意力,效率不高。因此,高校可尝试用多元化的讲座模式来打破现状。将讲座分成不同的模块,由适宜的老师分块讲授,增强与学生的互动,并增加实践模块,以内在精神传播为支撑,辅以外在技巧,提高讲座的效率。

2. 实战训练培训

礼仪与形象管理培训过后,许多学生会有短暂的热情高涨期和极强的实践欲,高校应利用好这段"黄金时期",尽量满足学生的实践欲。高校可开辟相关模拟场所、举办相关活动或利用校内现有的各种活动,鼓励学生通过实践着装搭配、化妆技巧、谈吐礼仪等来检验自己的学习成果,在逐步演练的过程中形成自信大方的人格魅力。

3. 礼仪知识竞赛

在理论学习与实战演练后,学生基本上能够掌握一定的礼仪知识,但随着时间的流逝,其热情和知识会逐渐消退,因此为了巩固学习成果及激发学习热情,高校可不定时开展礼仪知识竞赛,让学生在知识巩固和整理消化的过程中,潜移默化地形成礼仪惯性,将之转化为习惯。

4. 互助交流点评

礼仪与形象管理培训除了能够提升学生的内在精神修养,也会提供一个广阔的人际交往平台。高校可依托学校特色,搭建交流平台,让学生互相点评交流,"一对一"评价等,发掘对方的闪光点,取长补短以促进自身素质的提升。

第三节　高校青年礼仪与形象管理培训的经验及发展

一、高校礼仪与形象管理培训存在的问题

（一）以讲座为主，形式单一

根据调研结果，大多数高校都默认将礼仪与形象管理培训设为课外拓展学分，这种做法极大地限制了礼仪与形象管理培训教学的开展。现阶段高校的礼仪与形象管理培训主要采取专题讲座、知识竞赛等速成式方法，这种严重缺乏实践的培训活动效果会大打折扣。综合以上问题可知，学校对培训不够重视是较大的限制性因素，也是当前亟须解决的问题之一。

（二）系统化培训较少，效率较低

随着大众关注度的提升，目前市面上关于礼仪与形象管理培训的教材也逐渐增多。但教材良莠不齐，内容未经严格筛选，易导致课程内容不精，制约课程效果。此外，各大高校开展礼仪与形象管理培训时通常按照需求自主选择教材，无法形成体系化的培训。教师"照本宣科"，在有限的课时中难以带来事半功倍的效果。

（三）学习氛围较差，受众较少

现阶段礼仪与形象管理培训教师团队质量参差不齐是不可否认的事实，绝大多数老师身兼数职，缺乏礼仪方面的系统知识，难以突出重点，这会制约学生礼仪素养提升与形象管理。

二、高校礼仪与形象管理培训的发展路径

（一）优化礼仪教育模式，推进课程改革

由上述可知，学校的重视程度不够是当前礼仪与形象管理培训较大的限制性因素，因此优化礼仪教育模式，推进课程改革刻不容缓。推进课程改革，要求高校重视礼仪的德育作用，将礼仪课程列为必修课程。一方面，要制定新的课时和课程标准，将基于礼仪规范知识的尊礼、守礼、护礼、用礼"四礼"纳入礼仪教育基础目标；另一方面，系统整合礼仪知识并编撰成册，要求做到内容全面、知识简练、重点突出、实用性强，并将其作为系统教材予以推广。

优化礼仪教育模式，要有机整合高校、社会等多方资源，形成教育合力，推

进学生礼仪素养提升。发挥学校作为礼仪教育主阵地的作用，推动学校礼仪教育常态化。开设礼仪课程，侧重于社会交往礼仪、商务外事礼仪、求职工作礼仪等专业礼仪实践模拟活动，使礼仪教育贯穿教育教学全过程，纵向上贯穿全校师生，横向上与思政教育、德育有机融合，全面而有侧重，系统而有针对性。当然礼仪教育不可操之过急，学校应在常态化教学中逐步提升学生礼仪素养，让学生在实践中自觉感知礼仪、尊重礼仪、践行礼仪，推动现代文明礼仪内化于心、外化于行，帮助学生养成良好的礼仪习惯。发挥社会作为礼仪教育"实训基地"的作用，高校应积极与社会合作，通过开办礼仪培训班等，扩大学生礼仪学习实践场所。与此同时，随着网络媒体技术的快速发展，互联网的普及度不断提升，高校更应依托网络，通过短视频等学生喜闻乐见的方式宣传礼仪知识。

（二）营造礼仪氛围，鼓励全校师生参与

高校现有的教学渠道是校园礼仪素质培养的根本，因此学校应高度重视礼仪文化建设项目与工作的开展，制定相关的实施方案，对师生开展的礼仪活动展现积极的支持态度，并在必要时提供人力资源支持。除积极的态度外，良好的硬件设施也是礼仪教育开展的必要支撑。学校应在专业教师团队、基础设施等方面加大投入，在经费上提供便利，以保证学校礼仪建设的顺利推进，并积极解决问题，减少礼仪与形象管理培训的实际困难。

营造知礼、学礼、尊礼、用礼的浓厚氛围，有助于在师生中开展礼仪教育。大型校园活动或者纪念庆典活动是开展礼仪教育的重要契机，有利于体现礼仪的庄重感及仪式感，使师生心中树立对学礼的荣誉感。营造礼仪氛围，还需加大对礼仪知识的宣传普及。各大高校应充分利用新媒体，通过公众号、短视频等形式，大力普及礼仪知识，宣传礼仪规范，讲好礼仪故事。为更好地激励师生，可以发挥党员及先进集体、个人代表的示范引领作用，表彰礼仪模范个人和先进集体，推动见贤思齐、争当先进的良好氛围的形成。

（三）加强教师队伍建设，提升礼仪教育管理能力

教师的言行举止会对学生的发展起到重要作用，加强培养教师的个人礼仪，用教师的切身行为教育感化学生具有重要意义。高校必须重视对教师道德、礼仪的教育和培训，开展教师师德、礼仪素养提升工程。对教师个人而言，日常课堂、生活中，教师应不断提高自身人文素质、礼仪修养，"润色"自己的外表与行为，有意识地在学生面前树立良好形象，展现自信大方的态度，自然的仪表美、形象美和语言美，在潜移默化中给学生以生动的礼仪示范教育，让礼

仪在无形中影响学生。

（四）开展礼仪素质调研，建立健全礼仪管理机制

当下高校学生和教师失礼、失德事件时有发生，这进一步反映出建立健全的礼仪管理机制刻不容缓。高校可针对教师建立系统的评价机制、考核体系及奖惩措施，针对学生建立跟踪调查机制，针对应届毕业生进行文明礼仪素质评定等，加强对师生道德礼仪行为的规范。

（五）开拓校园礼仪建设新载体，发挥传媒的积极作用

在高校中，新媒体是具有重要价值的工具，它可以帮助教师及学生传播和分享与学校相关的新闻事件及重要通知。新媒体正处于高速发展阶段，有很多潜在的机会将社交媒体平台融入学生学习中，因此要不断开拓校园媒体在礼仪与形象管理培训方面的发展空间和传播渠道，充分利用好视频号、公众号、微博等工具，不断使之成为校园道德礼仪建设的发展阵地。

第七章　高校青年校园礼仪与形象管理指导

讲究文明礼仪,注重仪表形象,是一种品质和习惯,是我们每个人人生中的必修课。作为一个有理想、有追求的高校青年,注重自我的礼仪修养,自觉地运用礼仪规范,在仪表谈吐、行为举止、待人接物、精神面貌等方面严格要求自己,管理自己的形象,方能体现出新时代高校青年的道德情操和文化修养。

第一节　高校青年校园形象管理

人的容貌是天生的,但得体的仪容、仪表则可以体现出个人的风度、气质与精神风貌。这种"得体"体现在角色与场合的协调,即人的仪容、仪表要与他的年龄、身份及其所处的场合相协调。得体的仪表仪容是个人内在修养的体现,也是对老师和同学的尊重。一个人穿着得体,打扮得当,谈吐文明,举止文雅,才能更加自信,赢得他人的好感与信任。

一、颜值需要管理——仪容中的礼仪

仪容,即人的容貌,包括发型、面容及未被服饰遮挡的肌肤,如手、足、颈部等。对高校青年而言,保持仪容、仪表的整洁和得体不仅表现出自信、自重等个人内涵和精神态度,更直接体现了对对方的尊重。

（一）头部形象

面部清洁:要养成每天洁面的好习惯。男生应每天剃须。若实在要蓄须,也要考虑出席的场合是否允许,并且要经常修剪,保持卫生。

眼睛、眼镜清洁:洗脸时要彻底清洁眼部,眼部的分泌物要及时清理。佩戴眼镜的要注意每天清洁镜片。

头发清洁:整洁的头发往往能给人留下神清气爽的印象。无论男女都应勤洗头发,有条件的最好每天清洗,最长不宜超过 3 天。油性发质天天洗更佳。

口腔修饰：一是护理牙齿。坚持每天早晚刷牙,餐后漱口;经常使用爽口液、牙线等工具保护牙齿。二是口腔清新。在上课或参加活动之前忌食大蒜、韭菜、洋葱等味道刺鼻且难以消除的食物;若因上火等导致口腔异味,可嚼口香糖、茶叶,也可喷口腔清新剂或者用柠檬片擦拭牙齿。

鼻子修饰：一是保持清洁。要及时清洁鼻腔,以免异物堵塞鼻孔或鼻涕任意流淌;同时注意场合,不要随处擤鼻涕,也不要在公共场合挖鼻子。二是修剪鼻毛。鼻毛不宜长至鼻孔外,若有应及时修剪;不要当众用手拔鼻毛。

耳朵修饰：一是注意卫生。洗脸、洗头、洗澡时,要清洗耳朵,及时清除耳孔中不洁的分泌物。二是修剪耳毛。若有耳毛,要经常修剪。

颈部修饰：一是保持清洁。脖后、耳后往往藏污纳垢,要注意保持清洁。二是防止脸颈异色。颈部是人体最容易显现年龄的部位,在修饰面部时,也应顾及颈部。

（二）发型

任何事情都会从"头"开始,好的发型有着外秀头型、内修脸型的特殊作用。发型应当与自身的体型、身高、气质、职业背景和场合相匹配。日常学习生活工作状态中的发型以简洁大方为佳。曾有礼仪专家指出,当人们与商务人员碰面时,最吸引对方的主要是发型、化妆和饰品等。

具体要求有如下三点：一是头发整洁。头发整洁是高校青年仪容的基本要求。头发是否整洁,在人际交往中会直接影响周围人对他的评价。二是发型大方。男生发型要体现简洁大方的原则。男生发型概括来说为"前不覆额、侧不掩耳,后不及领",具体要求为前发不覆盖额头,侧发不遮盖耳朵,后发不长于后发际线,鬓角不要长于耳朵的中部。女生应根据年龄、职业、个人风格、场合的不同,选择适当的发型。在正式职业场合,女生发型要求露出眉毛,束发或盘发,减少发型中随意和松散的感觉,以打造干练形象。三是染烫适宜。时尚流行的染发、烫发深受学生的喜爱,但要注意把握尺度,尽量不染与头发原色反差过大的颜色,不烫过于夸张的发型。

（三）其他部位

手部修饰：一是修指甲。指甲应定期修剪,最好每周剪一次;出席会议、活动等正式场合时不留长指甲,不涂鲜艳的指甲油或在指甲上彩绘。二是勤清洗。手是接触他人及物品最多的部位,从清洁、美观、卫生、健康的角度出发,应当勤清洗手。三是重保养。手部皮肤若粗糙、红肿、皲裂要及时护理、治疗;若长癣、生疮、破损,不仅要治疗,还要避免与他人接触;若指甲周围出现死皮,应立即将其修剪掉,不要当众进行,更不要用手撕或用牙咬。

脚部修饰:一是勿裸露。在开学典礼、毕业典礼、颁奖仪式等正式场合时,前不露趾,后不露跟,既不能穿凉鞋,也不能穿拖鞋,更不能光脚穿鞋子,否则会被视为粗俗失礼。二是勤换洗。保持脚部卫生无异味,袜子应每天更换,鞋子勤清洁,不要在他人面前脱下鞋子或趿拉着鞋子,更不要脱下袜子抠脚,有损个人形象。三是常修剪。脚趾要勤修剪,最好每周修剪一次。

(四)化妆

化妆原则:一是避短藏拙。化妆时要修饰得法、适当矫正。二是清新淡雅。略施粉黛,讲求"清水出芙蓉,天然去雕饰"的自然之美。三是整体协调。妆容应与着装、时间、场合、身份相协调。

二、场合讲究得体——仪表中的礼仪

仪表即个人的外表。一般情况下,仪表主要指个人的服装。对于高校青年来说,穿着整洁大方是最基本的要求之一。一般来说,高校青年穿着以休闲运动装为宜。除特别要求穿特定服装的场合外,休闲运动装不会引起争议。

需要注意的是,学生穿着不应太过奇异,尤其在一些相对正式的场合。例如,男生穿拖鞋、背心去图书馆,或者学生在教室里穿着过于性感暴露等,都是不可取的。

此外在一些较为正式的场合,如表彰大会、颁奖晚会、重大学术会议等,提倡高校青年穿正装,一般为西装;在一些特定的场所,如实验室,则应该按有关规定着装。

出席不同的活动时要把握好国际上通行的原则,即 TPO(time,place,object)原则,即着装与时间、地点、场合相协调原则。

(一)公务场合

公务场合的着装要端庄、大方,不要强调个性、时尚。男生一般着西服套装,女生着西服套裙。一旦进入职场,如公务员、企业白领等上班时一定要衣着整洁、沉稳、大方。

高校青年尚未进入职场,因此一般较少受此约束。不过在出席会议、学术交流等较为正式的活动时,女生可以选择有袖、有领的衣服,以及不露脚趾和脚后跟的鞋子。男生则可以按照以下原则着装,以凸显稳重、整洁、得体、大方。(1)纽扣原则,即男生着装有纽扣方显正式,即使不穿正装,也要保证服装上有纽扣;(2)有领原则,即上衣务必带领子,无领上衣会给人一种随意的感觉。

（二）休闲场合

在休闲场合，以舒适自然的着装为主，不穿正装出席，否则会让人产生压抑之感，同时也显得不伦不类。休闲场合的着装往往较为随意，一般来说在寝室休息时，以舒适为基本原则，可以穿睡衣或者居家服活动。但是在校园里或者课堂上穿睡衣是不合适的。在进行体育锻炼的时候，为了便于运动，最好穿着运动服，锻炼完之后要及时地清洗衣服，以免汗水凝结在衣服上而产生异味。

（三）社交场合

随着社会进步与发展，各种社交活动越来越受到高校青年的欢迎，音乐会、宴会等社交场合的着装规范也需要大家关注。参加音乐会、宴会、葬礼、婚礼等都要提前了解场合着装要求。

（四）毕业典礼等特定场合

毕业典礼、志愿服务等特定场合需要按照统一要求规范着装。学位服便是这类特定场合的专用服装，学位服的穿着应符合下列规范。

1. 学位帽

学位帽形状为方，颜色为黑。佩戴学位帽后，需将敞开的部分放置于后脑勺中间，着装人的视线要与帽顶在同一直线上。

2. 流苏

黄色代表校长、导师，红色代表博士，蓝色代表硕士、黑色则代表学士。

当着装人未获学位时，流苏垂在学位帽右前侧中部；举行学位授予仪式，着装人被授予学位后，由学位评定委员会代表将流苏从帽沿右前侧拨到左前侧中部，并使其呈自然下垂状。

学位评定委员会所有成员、校长以及已获学位者，其流苏均下垂在所戴学位帽的左前侧中部。

3. 学位袍

全红色为校长服，两袖口各镶三道金边；红、黑两色为导师服或博士服；蓝色、深蓝色为硕士服；全黑色则为学士服。此外，不得加套其他服装于学位服外。

4. 垂布

垂布为套头三角兜型，不同学科之间用颜色加以区分，粉红为文、灰色为理、黄色为工、绿色为农、白色为医、大红色为军事。垂布套头披在肩背处，铺平过肩，其佩戴于学位袍外，把绊扣扣在学位袍最上面纽扣上，三角兜自然垂在背后。

5. 附属着装

女生可扎领结,男生系领带,内着白色或浅色衬衫。男生着深色裤子,女生着深色裤子或裙子。应穿深色皮鞋。

学位服是比较严肃、正式的礼服,因此穿着时要端正大方,不能太过暴露。学位服也不能落地或者随意改造,此外不应该穿学位服出入公共场合,如公交车、出租车、超市等。

以优雅之行告别大学——学位服着装示范[①]

青春二字,读来便觉得美好,奈何总是匆匆。在此临别之际,庄重地穿上一身学位服,去挥别过去四年的时光吧,愿你出走半生,归来的时候仍是少年。

一、关于学位服的内搭

正确穿戴学位服的重中之重,是选择好内搭。

凉鞋、短裤、运动鞋、颜色扎眼的衣服,都是学位服内搭的大忌。

图7-1展示了部分错误内搭:长度不合适的下装、鸭舌帽、短裤、拖鞋、圆领T恤、过于花哨的连衣裙。

图7-1 部分错误穿搭

---

① 图片来自杭州电子科技大学2016级人文与法学院学生。

男生要穿白色衬衫,系领带,搭配深色裤子及深色皮鞋(见图 7-2)。

图 7-2　正确示范

（一）注意事项

领带不宜太短或太长，自然垂至腰间即可。裤腿以盖到脚面的长度为最佳。

图7-3为正确的示范。坐下时，男生身体挺直，坐在椅子的前二分之一处，双手自然放在膝盖上，双腿不宜岔开太宽。女生的上装应选择浅色衬衫，可扎领结，下装穿深色裤子或裙子，深色皮鞋。坐下时，女生同样要挺直，坐在椅子前二分之一处，双手自然交叠放在膝盖上，双腿并拢向一侧微微弯曲（见图7-4）。

图7-3 男生坐姿示范

图7-4 女生坐姿示范

（二）穿着小结

男生：着白色或浅色衬衫，系领带，着深色裤子、深色皮鞋，外着相应学位服，学位服外不得加套其他服装。

女生：着白色或浅色衬衫，可扎领结，着深色裤子或深色裙子、深色皮鞋，外着相应学位服，学位服外不得加套其他服装。

避免穿着拖鞋、凉鞋、运动鞋、T恤、短裤、各种奇装异服等其他不宜服饰。

二、关于学位服

学位服，是学位获得者在学位授予仪式上穿戴的表示学位的正式礼服，是其获得学位的、有形的、可见的标志之一。每套学位服都由学位帽、流苏、学位袍、垂布四部分组成。学位服采用的方形造型，含有书本（代表知识）的意义。戴学位帽时，帽子开口的部分置于后脑勺中间，帽顶与着装人的视线平行。流苏放在帽子的左侧。每个学位帽后都有一个可调整松紧的部位（见图7-5）。

图 7-5　学位服

有刘海的女生，要把刘海藏在帽子里，将双耳露出，并将帽边三角形对准眉心（见图7-6）。

图 7-6　错误示范和正确示范

　　垂布是学位服的装饰物,也是最难穿戴的部分。垂布和学位袍的肩部有块粘片,学生可根据自己的身高调整垂布位置,要使胸前垂布的三角形位于学位袍第一颗纽扣位置,并要把垂布上的松紧扣扣在纽扣上,防止脱落(见图 7-7)。

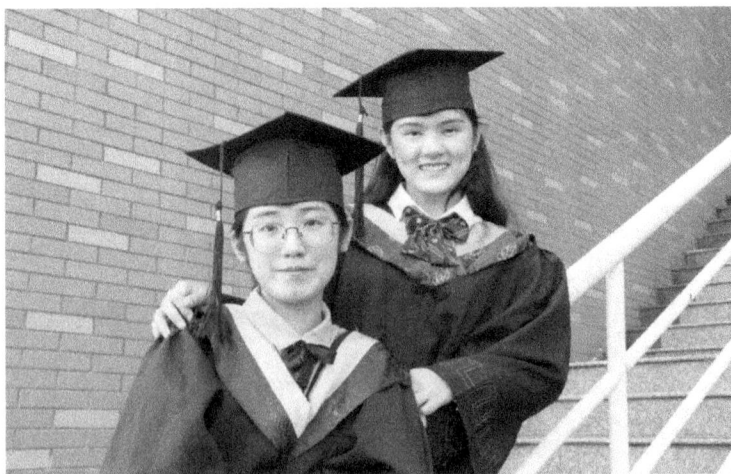

图 7-7　正确穿搭

三、举止创造魅力——仪态中的礼仪

(一)站姿规范

　　基本要领:总体自然挺拔。从正面看,身形应笔直,头颈、身躯和双腿应与地面垂直,两肩相平,双手和手臂在身旁自然下垂,目光平视,环顾四周,嘴微闭,面带微笑。从侧面看,下颌略微内收,双目向前,胸部稍挺,小腹收拢,整个形体显得庄重而平稳。方法:双腿站直(女生双腿并拢),收腹紧臀,直腰立背,双手置于身体两侧,挺胸,肩平(男生稍向后张),颈正,下颌微收,头正,目视前方(见图7-8)。

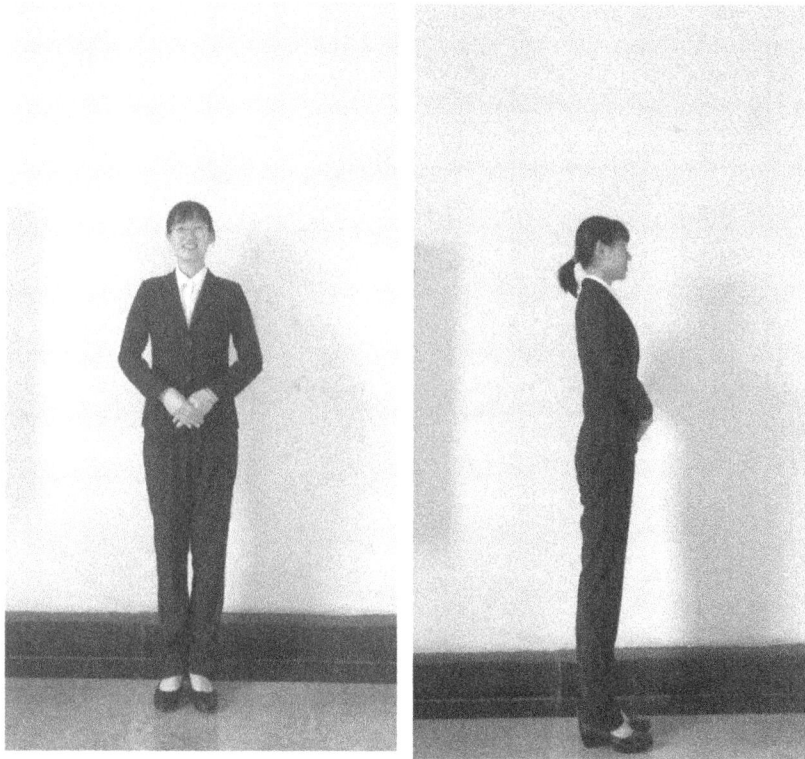

图 7-8　站姿

1. 垂手式

双手垂直于身体两侧,女生两脚并拢,男生双脚开立(不超过肩宽),目视前方。

2. 握手式

双手体前相握,右手握左手,两脚成丁字步。

3. 背手式

双手后背,右手握左手,双脚呈小八字步站立。

（二）行姿规范

1. 行姿的基本要领

身体协调,姿势优美,步伐从容,步态平稳,步幅适中,步速均匀,走成直线。女生轻盈(见图7-9);男生稳健。

图 7-9　行姿

步位:男生走平行步,即行走时双脚各自的脚后跟踩在各自的直线上,且两直线互为平行线;而女生则走一字步,即行走时双脚的脚后跟踩在一条直线上,脚尖可略微外展。

步度(步幅):跨步时后脚脚尖与前脚脚后跟之间的距离,一般为一只脚长。

步速:通常女生每分钟约120步,男生每分钟约150步。

摆臂:两臂前后自然摆动,以肩关节带动整个手臂摆动,幅度不能过大,前不过衣襟,后约30度。应避免出现上臂不动只动下臂、两臂都不摆动、横摆等不雅动作。

重心:重心稍前,行走时脚后跟先着地,双肩要平,身体前移时重心始终在脚掌前部,而不是在脚后跟。

表情:表情自然,目视前方,余光要注意四周。

2. 陪同引导的行姿

第一,本人所站的位置。一是古人讲究"以右为上""居中为上",所以,在并排行走时,应走在陪同对象的左侧或外侧;二是古人讲究"居前为上",即请陪同对象在前,引导者在后。若陪同对象不认识道路,则可由引导者在左前方引导,且应侧身面向陪同对象。

第二,引导时的行进速度。在引导陪同对象时,行进的速度要与对方相协调,不可过快也不可过慢。

第三,及时的关照提醒。引导陪同对象时,要以陪同对象为中心,当经过拐角、楼梯等具有危险因素的路段时要注意提醒对方。

四是采用正确的体位。引导陪同对象时,在一些特定的情况下要采取特殊的体位,如请对方开始行进时,应面向对方,稍许欠身;在行进中与对方交谈或答复其提问时,头部、上身应转向对方(见图 7-10)。

图 7-10　陪同引导的行姿

3. 上下楼梯的行姿

一是走指定的楼梯;二是坚持"靠右走"原则;三是减少在楼梯上停留;四是注意礼让(见图 7-11)。

图 7-11　上下楼梯的行姿

4. 进出电梯的行姿

一是乘坐无人值守操作电梯时,服务人员应先进后出,照顾好服务对象;二是乘坐有人值守操作电梯时,服务人员应后进后出,服务对象优先;三是要尊重周围的乘客。

(三)坐姿规范

一是允许自己坐时才可以坐下;二是在落座后,特别是当着宾客的面坐下时,必须有意识地采取正确的落座姿势。

1. 入座的要求

一是先请对方入座;二是在适当之处就座;三是从座位左侧就座;四是悄

无声息地就座;五是坐下后调整体位。

2. 离座的要求

一是先有表示;二是注意先后;三是起身缓慢。

3. 常见坐姿

一是"正襟危坐"式;二是双脚斜放式;三是垂腿开膝式,多为男生使用,亦较为正规(见图 7-12)。

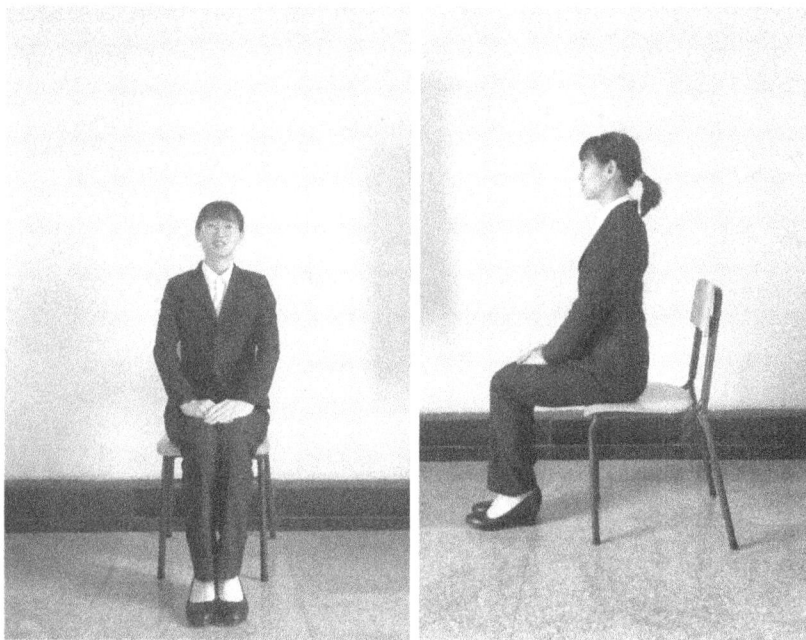

图 7-12 坐姿

(四)蹲姿规范

蹲姿在公共场合中通常不被采用,只有碰到特殊情况时才会被使用,例如捡拾地面物品、整理工作环境、给予别人帮助或者提供必要服务等。

1. 高低式蹲姿

下蹲时右脚稍后,脚掌着地,脚跟提起,左脚在前,全脚着地;右膝低于左膝,臀部向下,身体基本上由右腿支撑。女生下蹲时两腿要靠紧,男生两腿间可保持适当距离(见图 7-13)。

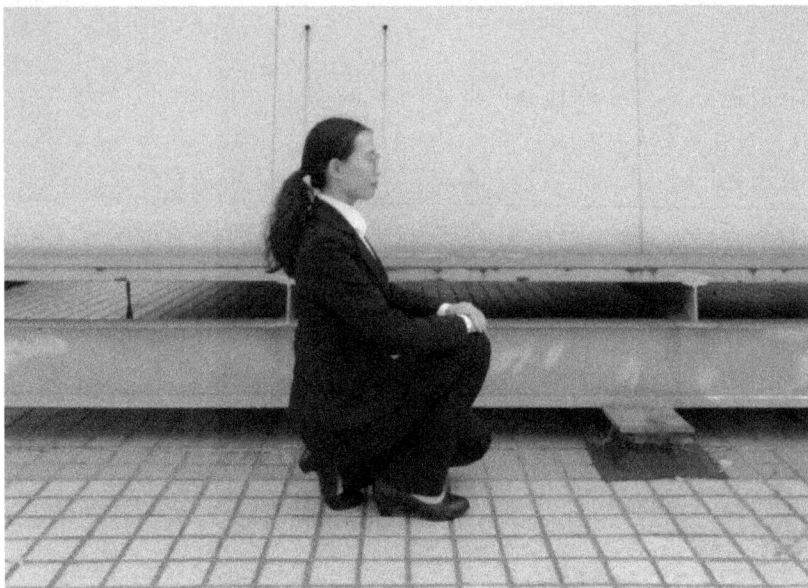

图 7-13　蹲姿

2. 交叉式蹲姿

下蹲时左脚置于右脚的右前侧,使左腿从前面与右腿交叉,左小腿垂直于地面,左脚全脚着地;右膝从左腿后面向左侧伸出,右脚脚跟抬起,脚掌着地,两腿前后靠近,合力支撑身体;臀部向下,上身稍前倾。此蹲姿女生较适用。

（五）手势规范

在与人交流的时候,可以适当地使用手势,增强语言的表现力和感染力。

1. 常用的手势

垂放。一是双手自然下垂,掌心向内,叠放置于腹前;二是双手自然下垂,置于体侧。

背手。双手相握,置于身后。

持物。持物时要手指并拢,动作自然,用力均匀,不要跷起无名指与小指。

鼓掌。这是表示祝贺、支持、欢迎的一种手势。右掌心向下,有节奏地拍击掌心向上的左掌。

夸奖。主要用以表扬他人。伸出右手,跷起拇指,指尖向上,指腹面向被夸奖的人。而将右手拇指竖起来反指向别人,意味着自大或藐视他人。

指示。用以指示方向、引导来宾。将右手或左手抬至指定高度,五指并拢,掌心朝上,以肘部为轴,朝指示方向伸展手臂(见图 7-14)。

图 7-14　指示手势

2. 注意事项

一是注意区域性差异,即注意不同的地域、民族"手势"含义的差异和禁忌。二是宜少忌多。手势既不能过大,也不能过多。三是忌单用左手。注意做手势时应用右手或双手,而不可单用左手,掌心不能向下,也不能攥紧拳头。四是忌指指点点。做手势时不能伸出一个手指去指指点点。五是注意配合。手势的运用要与礼貌语言、面部表情及身体其他部位相结合,这样可以更好地表现出对他人的尊敬和礼貌。

(六)表情礼仪

人们总会通过面部神态的变化来表现自己的喜怒哀乐,表达内心的思想感情。面部表情对人们所说的话起着更正、澄清、解释或者强调的作用。

1. 微笑

微笑是世上最甜蜜的言语之一,它的魅力在于优雅、温暖、亲切、自然,可以拉近人们的心灵距离,营造和谐的人际关系。完美的微笑需要面部肌肉的协调运动,需要目光中满含和善友好的光彩,需要真诚善良的内心配合。

(1)基本做法。微笑的练习方法有很多,包括照镜子训练法、发声练习法、情绪记忆法、携带卡片法、咬筷子练习法等。这里只跟大家分享一种较为简单的方法：首先放松自己的面部肌肉，随着眉头展开，眼角、脸腮、嘴角向两边拉，然后使自己的嘴角微微向上翘起，让嘴唇略呈弧形。按照微笑的幅度，大致可以将微笑分为三种类型：一度微笑、二度微笑和三度微笑。一度微笑指的是嘴角自然上扬，给人以自然温和的感觉；二度微笑是指嘴角明显上扬，给人一种被亲切关注的感觉；三度微笑则是嘴角大幅上扬，露出6—8颗牙齿，给人一种热情与积极的感觉。在日常的学习生活中，高校青年保持一度、二度微笑较为合适（见图7-15）。三度微笑相对较少运用。

图 7-15　微笑

　　（2）注意事项。微笑要做到"三笑"：嘴笑、眼笑、心笑。微笑时要做到"诚于中而形于外"，切不可故作笑颜，假意奉承，做出"职业性的笑"。

　　2. 目光

　　五官中，眼睛的传达力和表现力是最强的。恰当的眼神交流是对他人的尊重。做到"目中有人"需要有尊重的态度，只有内心尊重对方，目光才可能亲切友好。要稳定住目光，做到目光和语言相统一，不要上下打量别人或眼珠乱转,要在交往中传达一种教养、一种态度。

(1)注视的方式。眼睛是人的灵魂之窗,也是人的精神活动和信息传递的媒介。对不同的人,眼神应展现不同的内容:仰视,表示恭敬、崇拜,适宜于面对长辈时使用;平视,表示平等、公平,适宜于朋友、同事、同学之间交际使用;俯视,表示关爱、宽容,适宜于向晚辈表达慈爱时使用。

(2)注视的时间。与他人交谈时,长时间地注视对方是不礼貌的。通常情况下,50%的时间注视对方,另外 50%的时间注视对方脸部以外的 5—10 厘米处。如果不经意间与对方的目光相遇时不要立即避开,应自然对视 1—2 秒,再慢慢地移开。和异性对视的时间,不能超过 2 秒钟,不然会让人产生误会。注视的时间要根据交流的对象与场合进行把握。

(3)注视的区域。用目光注视对方不能盯住对方某一部位,或者不停地上下打量对方,应该自然、稳重、柔和。最恰当的注视为社交注视,即注视区间为以两眼为上线、以嘴部为顶点连接所成的倒三角区域。社交注视可以用在问候对方、听取诉说、征求意见、强调要点、表示诚意或与人道别的时候。因为注视这一区域最容易形成平等感,营造轻松的沟通氛围。

(七)交谈礼仪

《论语》曰:"言之不文,行之不远。"语言交往是每个学生所必备的技能之一。交谈时要以诚相待、以礼相待、谦虚谨慎、主动热情。

1. 表情自然

交谈时避免眼珠不动、眼神呆滞、盯视对方、目光游离等不礼貌的行为。目光应该专注或者注视对方以推动交谈的进程。如果是多人交谈,应不时地用目光与不同的人交流,以表示交谈时大家是彼此平等的。

2. 举止得体

动作举止是随着人们的交谈而出现和变化的。肢体语言通常是自身对谈话内容和谈话对象的真实态度的反应。适度的动作是必要的、有益的。例如,在倾听时可以通过点头、微笑等动作向发言者反馈。但是,过分的动作举止则会影响沟通。例如,发言时应禁止用手指指向倾听者,这是一种不礼貌的行为。

3. 细节恰当

一是认真倾听。交谈时,作为倾听者要认真聆听对方的发言,用动作和表情给予反馈,使发言者感受到尊重。切忌随意打断别人发言或者对他人发言不闻不问。

二是慎重打断。在发言之前,要尽可能让另一方先说出自己的观点。如果必须打断他人的谈话,那么应该先打个招呼:"抱歉,我能打断你的谈话吗?"

三是进退礼貌。加入他人谈话之前应先礼貌问询,征得对方同意。同样,要以点头、微笑欢迎刚加入交谈的对象。如果他人在单独谈话,不要贸然靠近旁听。若确实有事需要通知其中某人,也应在他人交谈完毕后再提出要求。谈话中若遇到急事需要处理,应向对方打招呼并表示歉意。

四是注意交流。交谈是一个双向或多向交流的过程,各方的参与是其构成的必备条件。所以交谈时切忌只顾自己发言。自己发言的同时要考虑他人,让他人发表自己的意见。同样,在他人说话时自己可以适时发表个人看法,正向的反馈有利于交谈的进行。

4. 文明用语

一些特定的称呼可以拉近交谈者的距离,更有利于促进交谈。例如,在与长辈的交谈中,要注意使用约定俗成的礼貌用语和敬词,例如"您""谢谢""不好意思"等。尤其是在交谈结束的道别时,可以用"谢谢您,再见"等。即使交谈的过程中有分歧,也不应失去礼貌,说出一些过激的话语。除此之外,交谈中切忌一些不文明的词语和句子,不宜明言的事情可以换一种表达方式。例如,想要上厕所时,可以说"不好意思,我去一趟洗手间"或者"不好意思,失陪一下,我去打个电话"。

(八)见面礼仪

初次与人接触时,如何称呼对方、如何向对方表示欢迎和致意、如何了解彼此,这些通行的见面礼仪也是交往礼仪的重要内容。

1. 称呼的礼仪

在任何情况下,对他人采用恰当的称呼是必要的。(1)职务性称呼,以一个人的职务称呼,如王书记、朱校长,若一个人有多个职务,则要选择最尊贵的职务名称。(2)职称性称呼,以一个人的职称称呼,如方教授、刘研究员,选择最高职称称呼。(3)行业性称呼,以一个人从事的行业称呼,如张老师、王律师。一般是在不确定交谈对象在行业中的职务、职称时使用。(4)一般性(或性别性)称呼,如吴先生、陈女士。(5)直接称呼姓名或昵称。一般限于同辈、好友等亲密的人之间。(6)亲属称谓。明确的情况下,按照辈分称呼,如"爸爸""妈妈""叔叔"等。不确定的情况下,则需自行判定,慎用"大爷""大妈"之类的称呼,除非在特别明显的情况下。

需要注意的是,这些不同的称呼方式往往是根据不同的场合来进行选择的。例如,在表示尊重的公众社交场合,多采用职务性称呼或职称性称呼;更一般的情况,可使用行业性称呼;一般性(或性别性)称呼可以广泛使用在多种场合,但其尊重程度要弱于其他几种称呼方式;直接称呼姓名一般则仅适用于关系亲密的人之间,尤其是像"喂""嘿""哥们儿"这样的非正规用词,在正式社交场合是称呼的大忌。

高校青年在丰富多彩的校园生活当中总会遇到各种各样不同身份、不同关系的交往对象。在交往的过程中,对他人的称呼自然是首先应当注意的礼仪,尤其要注意以下五个方面。

(1)称呼在熟悉的人之间也是必需的。有些学生认为只要对方知道自己是在对他说话就可以不用称呼他,但其实这是不对的。例如,偶遇老师时就叫一声"老师",放学回家后看到父亲时就叫一声"爸爸"。称呼在礼仪上是很有必要的,就算称呼过之后没有其他的话,被称呼人也会感受到你的尊重。

(2)要注意用第二人称时的讲究。用"您"比用"你"要更显尊重,这是众所周知的,但是我们还要知道,在特定的称呼后加上"您"比单用"您"更显尊重,例如"经理您""老师您"。除此之外,量词"位"也可表示尊重,如"这位同学"比"这个同学"要更显尊重。

(3)要注意对交谈对象的家人的称谓。例如,对老师的妻子可以称"师母",对与自己父母年龄差不多的领导妻子可称为"阿姨",切忌直呼其名或说"你老婆"。

(4)要注意对说话对象所属的事物的称谓。例如,对方的姓氏,可以用"贵姓""尊姓大名"来称呼;对方的见解,可以用"高见"来称呼;对方的年纪,可以用"高寿"来称呼;对方的企业,可以用"贵公司"来称呼;对于女性对象的姓名,可以用"芳名"来称呼,对其年龄,可以用"芳龄"来称呼。

(5)注意对对方的行为的称谓。例如,宾客的来临可用"光临""惠顾"来表达;对方的允诺可用"赏光""赏脸"来表达;对方的修改可用"斧正"表达;对方的批评可用"指教"表达;对方的原谅可用"海涵"表达。

2. 介绍的礼仪

介绍是人际交流的一座桥梁。自我介绍和为他人做介绍是其中最为常见的。

(1)自我介绍。自我介绍要简明扼要,时长以不超过半分钟为宜,自己的姓名(尤其是姓)以及所学专业或所负责的工作定要介绍清楚。自我介绍要充满自信、举止端庄及面带微笑。

（2）为他人做介绍。在引见他人互识时，应站立、微笑、手势动作文雅，要有礼貌，不管是介绍男士还是女士，都要掌心向上，四指合拢，大拇指张开，面向被介绍的一方，避免用手指乱点。在介绍的时候，不能厚此薄彼，对双方要同等对待。语言应该清楚、准确、真实。被引见的人，通常也要站立，面对对方，以礼相待。

在引见他人互识时，应当遵循"尊者有先知之权"的原则。即先把男士、下级、地位低者、未婚者、客人等介绍给女士、上级、地位高者、已婚者、主人。在介绍时，首先提及姓名，表示对此人的尊重。

3. 致意的礼仪

致意通常用于相识者或只有一面之交的人之间在各种场合的问候。当学生在途中遇到老师、领导或客人时，不能完全无视他们，也不需要一一向他们行礼，只要向他们微笑并点头致意即可。

（1）致意的顺序。男士、年轻者、学生、下级等先向女士、年长者、老师、上级致意。

对于身份地位较高的人，通常不应该马上站起来致意，而是应该等对方的应酬结束后，才能上前致意。对于女士，不管在什么情况下，不论年纪多大，是否戴帽子，只需要对她点头或微笑致意即可。只有在遇到上级、长辈、老师、特别钦佩的人或一群朋友时，女士才应率先向他们致意。与多人打招呼时，应遵循"先长后幼""先男后女""先疏后亲"的原则。若对方先向自己致意，一般应以同样的致意形式向对方还礼。

在餐厅等场合，如果男女双方并不十分熟悉，男士一般不必起身走到女士面前向其致意，只需在自己座位上欠身致意即可。女士若愿意，可以走到男士面前致意，此时男士应起身协助女士就座。

致意时，要保持自然的神情，不要大声呼喊，否则会让人觉得你是在敷衍或是缺乏教育。

（2）致意的形式。微笑致意：相识者或只有一面之交者在同一地点、彼此相距较近但不便交谈或无法交谈时，可采用微笑致意。

点头致意：适用于两人在途中的偶遇，或不宜交谈的场合。

起立致意：通常尊者或前辈来访或离开时，在场的人都要起身行礼表示致意。待其坐下或离去后，方可坐下。

挥手致意：适合向相距较远的熟人打招呼。通常情况是挥动右臂，掌心朝向对方，无需说话，微笑致意即可。

欠身致意:欠身致意是表示对对方的恭敬与尊重。具体做法是上半身略微前倾 15 度左右。

脱帽致意:若自己戴着有檐的帽子,则一般要脱帽致意。当然,若遇到朋友、熟人也可以轻掀帽子来表示问候。

此外,致意往往同时并用两种以上的形式,如点头与微笑并用,鞠躬与脱帽并用等。

4. 鞠躬的礼仪

鞠躬,在下级对上级、同级之间、初见的朋友之间为表示对对方由衷的尊敬或表达深深的感谢时使用。

(1)鞠躬的方法。站立时,两手自然下垂,或相握在体前、背在体后,目视前方,面带微笑;以腰为轴,腰、背、颈、头在一条线上,身子向前倾斜,目光自然向下;身体略微向前倾斜一两秒后恢复正常。礼毕抬起身时,目光要礼貌地注视对方,如果目光移开,会给人一种虚伪且不诚心的感觉。

(2)鞠躬的度数。所要鞠躬的深度取决于受礼对象及场合。一般情况下,问候、打招呼弯腰 15 度,接待和送行分别弯腰 30 度和 45 度。弯腰越深,就代表越尊重。但是 90 度的鞠躬,一般是用在一些特别的场合,如忏悔、谢罪。而三鞠躬则必须要用 90 度的鞠躬礼,通常是在一些特别的场合才会使用,如结婚、祭奠等。

(3)鞠躬的场合。迎来送往、接待外宾;演员表演前或谢幕;演讲报告、大会发言、馈赠、领奖;答谢宴请、举行婚礼、登门致谢或谢罪;悼念活动等。

(4)其他要求。鞠躬时,必须摘下帽子,用右手扶着帽子的边缘,将帽子摘下,左手下垂行礼。女士戴无檐帽时可以不摘。若在行进过程中要向对方行鞠躬礼,礼毕后应向右跨出一步,给对方让路。若受礼者是平辈则应还礼,若是上级、长辈等欠身点头即算还礼。行鞠躬礼时应站立,边走边鞠躬、随意点头鞠躬或做其他不雅的小动作,都属于失礼。

5. 握手的礼仪

握手礼是人类交际活动中使用最多、适用范围最广的礼仪,可以在见面、迎来、离别、送往、慰问、庆贺、鼓励、致谢等场合使用。

(1)握手的姿势。握手时要站立,右臂自然向前伸出,与身体略呈 60 度角,掌心略向左上,大拇指与手掌分开,其余四指自然并拢并微向内屈,与对方真诚地紧握,时间为 3—5 秒。握手时,应注视对方,面带微笑,并伴有问候性语言。

（2）握手的顺序。握手时要遵守"尊者决定"的原则，即应由年长者、上级、女士、已婚者先伸手示意，年轻者、下级、男士、未婚者方可上前与其相握。若贸然抢先伸手则是失礼的。在公务场合，职位、身份地位决定了握手时伸手的先后顺序，而在社交场合和休闲场合，年龄、性别和婚否则成为伸手先后顺序的主要依据。如果顺序颠倒，"有礼"则往往会误变为"失礼"。

（3）注意事项。与别人握手时，不能用左手（左撇子也不能）；与异性握手时，只能握其手的三分之一，即手指部分；忌用力过重或过轻，握手时间不能太长，男士不能紧握女士的手不放；不能争先恐后地握手，以免造成交叉握手。在与他人握手时，不要戴手套（女士戴晚礼服手套除外）和墨镜；不要隔着门槛或办公桌与人握手。与人握手时，另一只手不可插在衣袋或裤袋里，也不能东张西望、心不在焉、有气无力；不能用脏手与人握手，更不能握手后立马揩拭；一般情况下不要拒绝与他人握手；握手时一般要站着握，除非生病或特殊原因不能站立（见图 7-16）。

图 7-16　握手

6. 距离的礼仪

人们在进行交流的时候通常要保持一定的距离,根据不同的场合或熟悉程度,距离的标准也会有差异,其可被划分为亲密距离、私人距离、社交距离、公众距离。按照"人际距离"的通用标准,在工作环境下,0.5—1.5米的服务距离、1.5米左右的引导距离、1—3米的展示距离、3米以上的待命距离,都是比较合适的。

第二节　校园礼仪规范

一、文明出行

(一)走人行道,看交通信号灯

在室外行走时,一定要选择人行道。不要随便横穿马路,或是任意跨越专用的隔离栏。若是没有明显的人行道,也要尽量靠路边行走。切勿走机动车道,更勿走在交通主干道中间,或有意与车辆争抢道路。

按照交规,行人或车辆通过路口时,均应遵从交通信号灯的指示。不论是否有人监督,都应遵守规定。尤其是上下课高峰、就餐高峰,在交通信号灯路口不可随意跑动。

(二)靠右行走,不争抢道路

为了保证交通畅通,我国规定所有行人及车辆在道路上一律应当靠右侧行进。在校园道路上也应尽量靠右侧行走,避免逆向行走,上下课高峰时,有序跟随人流行走,不要争抢道路,依次而行。若有急事,可轻声对身前之人道一声"对不起,请让一下",然后侧身通过,随后道谢。切勿争先恐后,横冲直撞。

(三)服从管理

对于交通警察与其他交通管理人员善意的批评、教育,应当表现得心悦诚服;对对方的正常管理,不但要自觉服从,还应当积极予以配合和协助。

驾驶汽车、电瓶车、自行车等交通工具时,应严格按照校园行驶路线行驶,在规定停车位停车。尽量避免在校园内驾驶过快的电瓶车,规范停放共享单车。

（四）严于律己

除了要严格遵守交规和礼让他人之外，还必须注意以下几点。

1. 不阻塞道路

在道路狭窄之处，应当快速通过，不要逗留。还应注意，不要在道路狭窄之处与同行者并行，尤其是不要与其勾肩搭背，搂抱而行。

2. 不目无弱者

徒步行走时，对于老、弱、病、残和妇女、儿童，高校青年不但应当礼让，而且还应当在必要时，主动对其加以照顾。对于问路的外地人、外国人，更是应当尽量满足其需求。

3. 不手舞足蹈

在人多之处手舞足蹈，不仅显得自己神经兮兮，可能还会冒犯他人，酿成事端。边走路边打移动电话或查看微信、微博，亦极其不当。

4. 不过度亲昵

同异性外出时，高校青年务必注意自己的行为举止，不要在公共场合过于亲密，显得自己轻浮浅薄。

5. 不围观尾随

外出行走时，为了自觉维护公共秩序，高校青年切莫少见多怪，动辄在街头巷尾围观、起哄。不要对陌生人过分好奇，对他人指点、议论，或者长时间尾随其后。

二、文明就餐

在食堂用餐时，什么样的言行举止才能体现出当代高校青年的素养呢？我们可以分为用餐前、用餐中、用餐后三个部分来讨论。

（一）餐前

除了自觉排队、不插队，还应有"一米线"意识，即当前面的同学选餐时，最好与其保持一定的距离，否则会让对方感觉到自己受到了侵犯。此外，当与同学一同排队时，还应注意前后成列站立，以免让后来的同学不清楚队伍在哪里，导致后来者"无意识"插队的情况。

（二）餐中

除常规餐桌礼仪外，还应爱惜粮食，注重节俭，做到"量力而食"，根据自己的食量选餐。此外，和同学一起就餐时，还应注意聊天的音量，在公共场所，不要大声喧哗,以免影响旁边的同学。

（三）餐后

我们要尊重食堂工作人员的劳动,将饭菜残渣放进餐盘,倒入指定的容器中;如果随意摆在餐桌上,不仅会增大食堂工作人员的工作量,更会为后来的同学带来不便,在就餐高峰期甚至可能会因为我们随手将饭菜残渣留在餐桌上,而造成食堂用餐人员的拥堵。

三、文明寝室

宿舍是高校青年最主要的生活场所之一,目前多数高校都是集体宿舍,因此生活在一个宿舍的室友则是大学生最重要的伙伴之一。

除遵守公寓管理规定外,应注意宿舍卫生,在与室友相处中,需要特别注意以下几点。

（一）适度关心和照顾

室友是比班级同学更亲密一层的关系,大家在同一个教室上课,在一个宿舍生活,就如兄弟姐妹一般,要相互关心照顾。另外,关心也应有限度,过度关注室友的私事,反而会让室友觉得隐私受到侵犯。有意或无意地干预他人的私事,甚至可能会造成难堪的后果。

相互关心与照顾,就是要站在室友的角度来思考问题,经常换位思考,让室友感受到尊重,严于律己,宽以待人。具体来说,就是要遵守宿舍的生活规则,如按时起床、洗漱和就寝,在他人休息的时候动作要轻,声音要小,睡上铺轻翻身,睡下铺多体谅,有事回来晚了应先说一声"对不起",在宿舍内不大声喧哗、打闹、做各种运动,听音乐、打游戏声音不外放。

（二）邀请朋友要有度

在邀请朋友到宿舍的这个问题上,有几点需要特别注意。(1)邀请的朋友人数不宜过多,若数量太多,人声鼎沸,势必影响他人。(2)邀请朋友来宿舍之前,应该提前向室友介绍朋友的情况,并征得室友同意。这样既尊重了朋友,也尊重了室友,也可以为朋友的拜访创造良好的氛围。(3)一般情况下不邀请异性朋友来宿舍,尤其是室友不在宿舍时。如果确有必要,则最好不要关闭宿舍房门,时间也不要过长,以免引起误会。不要邀请刚刚结识的人来宿舍做客,造成麻烦或损失。(4)朋友进门之后应主动介绍朋友和室友相互认识,如果是去朋友宿舍拜访,也应主动向其室友打招呼。如果有同学正在休息,讲话声要小,动作要轻。除此之外,不能乱翻乱用他人物品,不能随处乱坐,拜访时间要短。(5)要选择好拜访时间,不要在他人休息的时候拜访,如熄灯后;不要留人住宿,尤其是不明底细的人,以免出问题。

(三)老师来访要尊重

除了朋友来自己宿舍外,有时学校老师也会来访宿舍。当老师来到宿舍时,应主动起立、问好、让座,以示对老师的尊重,更体现了高校青年的素质修养。

在老师表明来意后,应该主动、热情地与老师交谈,并协助老师完成相关的工作。当老师交谈完毕或完成相关工作告辞时,应以礼相送,说"再见"或"慢走"等,并且目送老师离去。

四、文明课堂

在教室上课,应该是高校青年在校园里最常经历的一项活动。尽管与中学相比,大学课堂相对自由,但仍需遵循一定的礼仪规范,方显个人素养,并使老师感到自己的劳动成果得到了尊重。

(一)课前准备

上课前要认真做好课前准备,携带教材、笔记本、笔等进教室,杜绝空手或只携带手机进教室。上课前,学生应先于老师进教室,并且不能迟到和早退。若等到上课铃响且老师已经开始讲课后再进入教室,不仅是对老师的不尊重,也会影响其他学生听课。如果因无法避免的事情而迟到,则应从后门轻轻进入教室,尽量不发出太大的声响,以免影响其他学生的听课质量。

(二)课上专注

上课过程中,应主动在前排就座,集中注意力,认真听老师讲解,并积极思考,最好和老师有眼神的互动。这样,老师得到的反馈越多,上起课来也会更加有动力,讲解的质量也会更高。如果遇到老师提问或请学生发言,应积极举手、起立发言,声音洪亮、落落大方,彰显个人风采。

杜绝任何破坏安静、严肃的学习环境和氛围(包括教室、图书馆、自习室等空间)的行为。大学的图书馆和教室是大学智慧的宝库,也是高校青年获取信息以及学习和交流的场所。一切尊重知识,尊重教师,尊重图书资料,尊重其他读者享受安静、严肃的学习环境和氛围的行为都理应成为高校青年在教室和图书馆遵循的礼仪规范。教室和图书馆是典型的公共场所,所有违背公共礼仪的行为都不提倡。例如:衣着不整,举止不文明,随意接打电话;自带食物,污染空气;交头接耳,大声喧哗;上课时玩手机、玩游戏。

（三）课后交流

下课铃响后，学生应在老师示意下课后，再收拾个人物品离开，离开时要向老师表达谢意并打招呼离开。如果遇到有学校领导等在教室听课，在离开教室时也应保持安静，以便为领导和老师的课后交流提供合适的环境。

第三节　校园服饰文化

一、中国传统服饰

服饰文化在我国具有非常悠久的历史，在距今约 1 万年的旧石器时代的遗址中，出土了穿孔的蚌壳、兽牙等饰品及骨针。而在新石器时代，我国已经出现了纺织，当时的人们可以把生活中喜欢的物品加工成适合身体的服饰。在我国 7000 余处新石器遗址中均出土了纺轮，更有遗址出土了骨梭、机具卷布轴等织布工具，如河姆渡文化遗址。这表明新石器时代纺织技术有所提高，为之后服饰文化的发展奠定了基础。从此之后，我国古代人民在历史长河中创造了辉煌的服饰文化，后世中国享有"衣冠古国"的美誉。

（一）服饰的起源

1. 服饰的出现

服饰的产生是一个渐进的过程。远古时期，人类由于体毛减少，需要衣物防寒挡风。为了度过寒冷的冬天，当时的人们开始使用捕获的兽类的毛皮来保暖，这就是服饰的起源。我国在几万年前的原始时代，人们以兽骨为针，将多块兽皮连接起来，制成了具有御寒功能的粗制衣服。《礼记·礼运》中记载："昔者先王未有宫室，冬则居营窟，夏则居橧巢。未有火化，食草木之实，鸟兽之肉，饮其血，茹其毛。未有麻丝，衣其羽毛。"所谓的"衣其羽毛"便是用猎物的兽皮羽毛来保暖。兽皮制成的衣服不仅可以起到保暖的作用，而且因为兽皮制成的衣服存在兽类的气味，所以可以更好地接近猎物，将其捕杀。另外，许多古籍也记载了关于服饰的起源，如《吕览》与《世本》中分别记载了"伯余、黄帝制衣"和"胡曹制衣"，记录的便是黄帝时期的两个大臣胡曹和伯余开始制作衣服。

对于服饰产生的目的，不同国家的学者有不同的见解。中国人和希腊人认为，服饰的出现是由于早期人类抵御寒冷气候的需要，近代学者柳诒徵从汉字"衣"的结构提出了自己对服饰起源的看法,"衣裳之原,起于御寒。西北气寒,而东南气燠,故《礼记·王制》述四夷,惟西北之人有衣,东南无衣也"。而许多学者则认为,服饰的出现是由于人类精神上的需求。

服饰的起源和发展离不开制衣工具的发展。在最早的旧石器时代,锥和针就已经成为当时人类制作衣服的主要工具。在旧石器时代中晚期,人类对工具使用得越发娴熟,从而导致生产效率不断提高。生产效率的提高使得只担心食物是否能满足自己需求的部落开始有精力探索和发展其他事物,制衣工具的发展与改进便是由此而来。在这一时期的遗址中,就有锥和针的出土。例如,北京周口店遗址中出土了石锥,而山顶洞人遗址中出土了一枚针头尖锐的磨制骨针。这些出土的石锥和骨针代表着旧石器时代的早期人类已经不只局限于简单地利用自然物,而是会改造现有的物品并加以利用。所以可以认为,旧石器时代是服饰文化的起源时代。虽然当时粗制的兽衣与真正意义上的衣服还有些差距,但这为后代服饰文化的发展奠定了基础,打开了新的篇章。

2. 服饰的早期形态与色彩

(1)鞋帽的出现。早期人类在适应自然界的过程中,需要把过长的头发盘束起来。这就造成了脖颈部位的裸露,而为了抵御裸露部位的寒冷,早期人类会把兽皮覆盖在头上,这就是帽子的早期形态。《世本》记载"'黄帝造火食旒冕'是冕起于黄帝也。但黄帝以前,则以羽皮为冠;黄帝之后,乃用布帛"。从书中记载便可得知,帽子与衣服同时出现。而早期人类使用不同的兽皮或者不同的缠绕方式,逐渐形成了各式各样的帽子。由于帽子最初产生的目的是抵御寒冷,所以在我国各地的遗址中,帽子主要出土于北方地区。但是在浙江良渚文化遗址中出土的冠形玉牌上有用作装饰的羽毛,羽毛左右排列均匀。这便表示当时的帽子已经不只是用于抵御寒冷,而是成了地位与身份的象征,被赋予了精神上的内涵。

鞋子是与衣服一起出现的。早期人类为了抵御足部的寒冷,在拼接兽皮制成衣服时将足部也考虑了进去,制成了足服。根据考古发现,新石器时代的足服制作已经较为成熟。甘肃玉门出土的新石器时代文物人形彩陶罐,便身穿翘头靴。

(2)色彩意识的出现。早期人类对自然界中的物品加以改造所制成的衣服多保留了原材料的色彩。而古人在感知五颜六色的自然界时,本能产生了对色彩的朦胧概念。当时的古人对色彩的感知和运用多来自祖先对色彩的原始认知,最早出现的有色彩的文物是石器时代遗址中出土的陶器,还有壁画。石器时代的主要色彩是红、黑、白三色,如江苏青莲岗出土的文化彩陶以红色、黑色、白色三色为主。至于为什么最开始使用的色彩是红色、黑色、白色,普遍的观点认为,黑白双色是来自古人对白昼黑夜的直观感知,白天和黑夜的重复交替对早期人类的本能意识有着重大的影响。而红色的使用则被认为来源于早期人类对火的感知。火的使用不仅改变了人类的活动方式、生产方式,更是提高了人类的生活质量、生存质量,所以红色受到了早期人类的重视。

(3)服饰的早期形态。《台海使槎录》中记载,高山族男子"以布尺余遮前,后体毕露";《诗经》中也记载"赤市在股"。由此可以推断出,早期人类用兽皮围住腹部,这便是最原始的服饰。

各时期遗址中的壁画及出土的陶器为研究早期服饰形态提供了依据。甘肃辛店遗址出土了带有剪影式人物形象的放牧纹彩陶盆,其上的人物形象所穿的服饰为腰间有束带的及膝长衫。甘肃嘉峪关西北岩画操练图上的人物服饰样式与之相似,为束腰带、及膝长衫。从这些人物形象可以看出,在新石器时代织物出现之后,服饰的样式与早期兽皮围腹相比已经有了相当大的进步。

(二)先秦服饰的特点

1. 西周服饰制度的出现

服饰制度的出现是一个循序渐进的过程,也是人类社会发展的必然产物。其中最主要的两个推动因素便是社会阶级的分化和礼法的作用。在新石器时代后期,掌握部落权力的首领成为统治阶级,部落的其他成员便成为被统治阶级。身为统治阶级的首领为了彰显自己的身份地位,开始用不同的服装来区分。自夏朝开始,国家政权的建立强化了阶级划分。而到了西周,统治者通过宗法制及分封制形成了统治阶级集团,并对统治阶级进行了详细的划分。《孟子》记载:"天子一位,公一位,侯一位,伯一位,子、男同一位,凡五等也。君一位,卿一位,大夫一位,上士一位,中士一位,下士一位,凡六等。天子之制,地方千里,公侯皆方百里,伯七十里,子、男五十里,凡四等。不能五十里,不达于天子,附于诸侯,曰附庸。若春秋邾仪父之类是也。天子之卿受地视侯,大夫受地视伯,元士受地视子、男。……大国地方百里,君十卿禄,卿禄四大夫,大夫倍上士,上士倍中士,中士倍下士,下士与庶人在官者同禄,禄足以代其耕也。……次国地方七十里,君十卿禄,卿禄三大夫,大夫倍上士,上士倍中士,中士倍下士,下士与庶人在官者同禄,禄足以代其耕也。……小国地方五十里,君十卿禄,卿禄二大夫,大夫倍上士,上士倍中士,中士倍下士,下士与庶人在官者同禄,禄足以代其耕也。……耕者之所获,一夫百亩。百亩之粪,上农夫食九人,上次食八人,中食七人,中次食六人,下食五人。庶人在官者,其禄以是为差。"

人类服饰发展史中最重要的便是服饰制度的形成。服饰是社会不同阶级区分的标志,服饰制度是不同场合不同身份的规范。《礼记》中将服饰制度与其他礼乐制度等并论。西周的建立,大大发展了社会生产力,物质水平明显上升,社会秩序逐渐条理化,规章制度出现并不断完善。服饰制度随着尊卑等级的划分及礼仪的需要而逐渐发展和规范化。西周对后世最大的贡献之一便是服饰制度的完善,其服饰制度是上衣下裳,头要戴冠,衣裳要有章纹,以此来区分不同等级的人,同时出现敝膝、组玉等相关的配件,这种服饰制度一直延续到明朝。

2. 先秦诸子百家思想对服饰的影响

(1)儒家的服饰观。儒家思想作为后世君主专制社会的正统思想,在中国传统文化思想中有着举足轻重的地位,传统服饰也受到较大的影响。孔子曰:"文质彬彬,然后君子。"这其实就是孔子"中庸"思想在服饰方面的体现。孔子重视盛装美饰并主张思考其背后的精神内涵。除此之外,孔子提出文质互补的服饰原则,并从人格、人品等角度总结人与衣的关系。文质互补,便是孔子在服饰方面的中心思想,其中包含两个方面:第一个方面就是服饰要符合礼仪,《孔子家语·致思》曰:"故君子不可以不学,其容不可以不饰。不饰无类,无类失亲,失亲不忠,不忠失礼,失礼不立。夫远而有光者,饰也;近而愈明者,学也。""礼"是孔子思想的重要组成部分,所以他在服饰方面的观点是为其思想服务的。第二个方面就是强调中庸。孔子曰:"质胜文则野,文胜质则史,文质彬彬,然后君子。""质"是一个人的内在修养,而"文"则是人的外在服饰。所以孔子认为外在的服饰要与内在的修养相匹配,恰到好处、达到中庸便是孔子理想的服饰状态。孟子作为孔子思想的继承者,是孔子之后儒家学派中最具影响力的人物之一。"浩然正气"就是孟子服饰思想的核心。"浩然正气"指的就是一个人的人格修养,即孟子更看重内在的意识,他认为外在和内在是互通的。这其实与孔子的服饰观具有一定的相通性。

(2)道家的服饰观。老子提出"圣人被褐怀玉"的服饰观。"怀玉"象征着人的道德美、品格美,指的是人要注重内在。而"被褐"指的就是穿朴质的衣服,这与贵族"衣绮、必佩玉"形成对立。这体现出道家注重内在,反对外在形式上的繁文缛节。

（3）墨家的服饰观。墨子作为一名尚俭主义者,提出了"节用"和"非乐"的思想主张。墨子提倡服饰要节俭。《墨子·节用》曰:"诚然,则恶在事夫奢也。长无用,好末淫,非圣人之所急也。故食必常饱,然后求美;衣必常暖,然后求丽;居必常安,然后求乐。为可长,行可久,先质而后文,此圣人之务。"

（4）法家的服饰观。法家的思想以"功利主义"和"专制主义"为主,主要是为统治阶级服务。其对服饰的论述较少,但是常用服饰来比喻其他事物。"冬羔裘,夏葛衣"出自《韩非子》,这代表着法家的服饰观与墨、道两家类似,注重实用性和自然性,不过度追求礼制。

（三）秦汉服饰的特点

1. 秦汉服饰的文化内涵

秦朝作为中国历史上第一个实行中央集权制度的国家,其建立标志着中国由奴隶制社会迈入封建制社会。汉代则进一步加强了中央集权。所以在秦汉时期,权力的集中与表现尤为重要。服饰制度便成为社会等级制度的外在表现形式。例如,秦汉时期的军功爵制度、官僚制度等国家制度都是通过服饰来表现的。从国家层面上看,不同阶层之间、不同身份之间的服饰要有严格的区分。其中的区分并不只局限于颜色或者花纹,还包括纹理、配饰等各个方面。所以,秦汉时期的服饰在政治大一统中承担着重要的社会功能。

2. 秦汉各阶层服饰制度

（1）皇室服饰制度。皇室指的是在君主制国家的皇帝运用皇权进行统治的家族集团,也可以理解为皇室由皇帝及其血缘亲属组成。

冕冠,垂旒,前后邃延,邃,垂也。延,冕上覆。玉藻。《周礼》曰:"五采缫十有二就,皆五采玉,十有二,玉笄朱纮。"秦汉时期,古代帝王、臣僚参加重大祭祀典礼时戴冕冠之规章不改。冕冠制度为:綖板长一尺二寸,宽七寸,前圆后方,冠表涂黑色,里用红、绿二色。凡戴冕冠者,都要穿冕服。冕服由玄衣纁裳组成,中单素纱,红罗襞积,革带佩玉,大带素表朱里,两边围绿,上朱锦,下绿锦,大绶有黄、白、赤、玄、纁、绿六彩,小绶有白、玄、绿三色;三玉环,黑组绶,白玉双佩,佩剑,朱袜,赤九、赤舄,组成一套完整的服饰。根据汉朝制度,皇帝冕冠用十二旒,质为白玉,衣裳十二章;三公诸侯七旒,质为青玉,衣裳九章;卿大夫五旒,质为黑玉,衣裳七章;通天冠为皇帝的常服,是深衣制。秦汉皇帝的服饰传承自战国时期的冕服,它成为中国历史上皇帝的典型帝服,直到明代。

皇宫中有皇帝,自然就有后宫。后宫指的是太皇太后、皇太后、皇后、嫔妃及公主。太皇太后、皇太后的庙服"绀上皂下",蚕服"青上缥下",她们穿的服

175

饰都是深衣制,隐领袖缘以绦。"太后被珠襦,盛服坐武帐中,侍御数百人皆持兵,期门武士陛戟,陈列殿下。"皇后的庙服和蚕服与皇太后的一致。但是自皇后之下"皆不得服诸古丽圭襂闺缘加上之服"。公主的服制为深衣制,"自公主封君以上皆带绶,以采组为绲带,各如其绶色"。

(2)官员服饰制度。上至三公,下至百官,官位的等级不同,所穿的服饰就会不一样。其中最主要的区别在于帽子及配饰。"公卿诸侯大夫行礼者,冠委貌,衣玄端素裳。执事者冠皮弁,衣缁麻衣,皂领袖,下素裳,所谓皮弁素积者也。"这是古代记载的两千石俸禄的公卿的服饰。俸禄在六百石至一千石之间的尚书、侍御史等官员则"法冠,一曰柱后。……胡广说曰:'《春秋左氏传》有南冠而絷者,则楚冠也。秦灭楚,以其君服赐执法近臣御史服之'"。《汉书·江充传》中记载了百石小官的服饰:"初,充召见犬台宫,自请愿以所常被服冠见上。上许之。充衣纱縠禅衣,曲裾后垂交输,冠蝉缅步摇冠,飞翮之缨。"

(3)庶人服饰制度。先秦时期的庶人以麻制衣。而在秦代,庶人在此基础之上以黑色的头巾覆盖头部,称为"黔首"。秦代的庶人头巾为黑、衣服为褐,服饰单调,颜色单一。到了西汉时期,服饰制作的材料开始变得丰富,最终发展成以麻布、葛布为主。《汉书·贡禹传》记载:"臣禹年老贫穷,家货不满万钱,妻子糠豆不赡,短褐不完。"东汉时期,随着社会生产力进一步发展,庶人的服饰在原有材料的基础之上又有了进步。《后汉书·廉范传》记载:"百姓为便,乃歌之曰:廉叔度,来何暮? 不禁火,民安作,平生无襦,今五袴。"

(4)商人服饰制度。先秦时期的法家主张"重农抑商",而到了汉代,打压商人阶层更是成为国策。所以商人在服饰方面受到严格规定,例如,汉高祖曾下令商人不得"衣丝乘车"。但之后随着经济实力的提高,商人逐渐冲破了朝廷的约束。商人对其服饰的要求越发奢华,《淮南子·齐俗》曾记载:"且富人则车舆衣纂锦,马饰傅旄象,帷幕茵席,绮绣绦组,青黄相错,不可为象。"

(四)隋唐服饰的特点

1. 隋唐服饰风格的形成

隋朝是在中国经历了几百年的分裂动荡之后所建立起来的统一王朝。唐朝则是在隋朝的短暂统治的基础之上建立起来的。由于刚经历过分裂斗争,所以当时中国的文化冲突与融合非常明显。大运河通航之后,隋朝南北之间的文化交流也逐渐加快。分裂时期的北魏时期,孝文帝带领众多鲜卑族人迁徙到洛阳,促进了文化交流。所以隋唐时期的服饰是在多种服饰的基础上发展而来,如胡服与汉服之间的融合。文化的融合统一,为隋唐服饰的形成奠定了基础。

在物质层面,隋唐的大一统促进了社会生产力的发展,纺织业就是快速发展的行业之一。纺织业中缫丝、印染的技术也达到了很高水平,这直接提高了服饰行业的产量和质量。除此之外,服饰材料的增多直接促进了服饰样式的创新。许多别具风格的服饰样式在当时被人们所推崇。

2. 胡服对隋唐服饰的影响

在唐朝,胡服不仅仅指西北的少数民族服饰,还包括印度、波斯等外国服饰,胡服是多民族文化相互融合的产物。相比于中原的传统汉服,胡服在色彩、剪裁、款式等方面,都充满了异域情调。唐朝诗人元稹曾写诗句:"自从胡骑起烟尘,毛毳腥膻满咸洛。女为胡服学服妆,伎进胡音务胡乐。""胡音胡骑与胡妆,五十年来竞纷泊。"这些诗句都直接反映出了胡服在唐朝的流行。

当时的汉族服饰以衣袍为主,形式宽大,上下相连。而胡服是以窄袖、裤子、靴子为主,这样穿着的优点是方便活动。汉族服饰在设计时讲究等级划分、礼仪规范,不同阶层之间的服饰色彩、图纹等都不同。而相较之下,胡服就自由得多。所以这使得当时的汉族人民对这类胡服青睐有加,例如当时的维吾尔族的民族服饰"回鹘装"是唐朝深受汉族喜爱的胡服之一,尤其受到贵妇的喜爱。

3. 隋唐服饰的时代特征

隋唐服饰的时代特征之一就是南北融合。自魏晋南北朝以来,中国经历了几百年的分裂战争,国家长期处于战乱当中。北方长期受到鲜卑族的统治,所以多采用游牧民族的服饰。而南方则是保留了传统的汉服。在隋唐统一全国之后,南北方之间的文化交流不断加深。国家的统一促进了南北服饰的融合,从而影响了民间服饰的交融。

隋唐服饰的另一个时代特征就是体现了社会风气的开放。尤其是唐朝作为当时世界上最强大的国家,吸引了来自不同国家和民族的使臣。当时的统治者并没有选择封闭的政策,而是采用兼收并蓄的开放政策。这使得唐朝的服饰对其他民族的服饰取其精华,去其糟粕,不断优化改进。

(五)明清服饰的特点

1. 明清服饰制度

(1)皇帝服饰。在明代建立之初,朱元璋便废除了元代的服饰制度,而是根据汉族的习俗建立新服制。《舆服志》记载,明代皇帝的服饰形制分为五类:冕服、通天冠服、皮牟服、常服、武牟服。通天冠服是皇帝在祭祀等重大活动所穿的礼服,由头戴的通天冠和身穿的绛色袍组成。皮牟服在明代前主要由贵族和官员使用,到了明代之后,朱元璋将其变为皇室专用。明代皮牟服由帽子、服饰、腰带、玉佩等组成。

清代皇帝的服饰主要分为三种,分别是朝服、常服及行服。在款式上按照冬夏划分,常用材质是丝绸。颜色使用上,夏季的朝服多使用黄色、蓝色、白色,冬季的朝服多使用黄色、红色、蓝色。服饰的图案元素上,多配有龙图案或者"寿"字。相较于之前的朝代,清代的服饰是最为复杂和奢华的。

(2)官员冠服。明代开朝皇帝朱元璋选择继承唐、宋的官员服制,底色选用赤色,再根据不同的等级进行划分。《大明令》记载,官员上朝时,上身要内穿白纱织单衣,外穿红色上衣,下身为红底青边,皮带使用两种颜色,分别是红色和白色。腰带也因品级的不同而在制作材料上有所不同。

(3)民间服饰。相较于皇室及官员严格的服饰规定,明代对民间服饰并没有过多的规定。直到洪武二十三年(1351),官方对平民的服饰尺寸做出了限制。据史料记载:"自领至裳,去地一寸,袖长过手,复回不及肘三寸。"而且在服饰颜色上,官方专门规定黄色是皇室专用色,平民一律不得穿着黄色的服饰。女性不得使用大红色、青色。

清代康雍乾盛世使得社会的生产力水平得到了极大提高,所以清代服饰在继承和保留前代基本服饰样式的基础上进行了创新与发展。民间服装可以分为马甲、长袍、衬衣、马褂、套裤等几种样式。在用料方面,清政府一开始为了无别尊卑,在民间服饰所用面料上进行了限制。但是随着社会生产力的进一步发展,只要民间服饰用料用色不涉及典章,官府就不会过于追究。

2. 明清服饰的文化内涵

明代作为中国历史上最后一个由汉族统治的封建王朝,对传统的汉族服饰进行了继承。例如,明代完全继承了自周代以来的冕服制度及自汉代以来的帝王服饰。明代在继承的基础之上进行了创新,加强了礼教对社会的控制,加强了服饰在封建专制社会的统治工具功能。朱元璋希望在服饰制度上体现出尊贵卑贱,强化等级划分的封建制度。所以,明代服饰制度的最大意义之一便是对封建统治的巩固。

清代的服饰制度相较于明代,最大的区别就是体现了满汉服饰的融合。由于清代的皇室为满族,所以清代的服饰一方面吸收了传统汉族服饰的等级制度,另一方面也留有满族自身的民族服饰特点。清代统治者将汉族宽袍大袖与满族紧身窄袖相融合,并在短时期内在全国强制推行,这使得清代的服饰不仅传承了中国传统的服饰制度,而且也展现了多民族的审美风格,体现了中华民族的文化包容性。

二、中国校服的演变发展

校园服饰文化是校园文化的重要体现,其独特的教育功能是大众服饰文化所不具备的。我国中小学的校园服饰文化主要以"校服"的形式呈现。"校服"是学校为学生指定的统一的服装,它包含了服装的质地、款式、颜色等。穿着校服可以有效地遏制攀比心理、减少自卑感,及时纠正学生在成长过程中寻找自我价值时产生的扭曲价值观,为学生的身心发展提供良好的环境。同时,统一穿着校服有助于形成良好的校风,反映校园文化的整体精神面貌,强化学校的整体形象和提高凝聚力。有利于培养学生的团队精神,增强学生的集体荣誉感,完成学生对自己角色和身份的定位,具有象征性意义。

(一)校园服饰文化的发展历程

1. 古代学生服饰

中国素有"礼仪之邦"的美誉,几千年来,中国的礼仪文化大多是由文人学士所传承的。事实上,校园服饰文化的产生与学校的出现几乎是同步的。在我国古代,校园服饰文化就已经存在,只是当时还没有明确的统一着装制度。

(1)汉代。在中国,学生的统一着装可以追溯到汉代。汉代设立了全国最高的教育机构——太学。虽然校服形式还不是很成熟,但是它所起到的学生群体的身份定位与认同作用和现代校服完全相同。在太学中,学生统一穿着青色衣服,于是就有了曹操"青青子衿,悠悠我心。但为君故,沉吟至今"的美句。

《傅子》中有:"汉末王公,多委王服,以幅巾为雅。是以袁绍、崔豹之徒,虽为将帅,皆著缣巾。"汉末时期,社会上以"幅巾"为雅尚,这种风气来自汉末名士,这些文人学士往往品行高洁、学富五车,其人格与学问为世人所敬仰、称道。而很多人为了保持人格独立,不愿做官,常以平民装束明志,幅巾(用整幅的巾,从额往后包发,并将巾系紧,余幅自然垂后,垂长一般至肩,也有垂长至背)就是当时这些文人学士的普遍装束。可见在当时文人学士中服饰文化已经形成,他们也有了用服饰象征身份地位的服饰意识。

(2)宋代。宋代文人学士喜穿直掇、道衣、鹤氅、襕衫等,多为宽袖,外出始终是长袍(夹)、长衫(单),四季不变。色彩上则多淡色,主张质朴素雅,强调本色,如浅黄、珠白、青色等,尤以白衣黑缘的服饰居多。宋代文人学士的衣着风格与唐代的圆领窄袖袍呈现出完全不同的面貌,宋代承袭了传统汉服的特点,宽袍大袖,衣袂飘飘,舒适、不羁而又不失礼仪,表现出宋代文人学士的洒脱、飘逸、随性,展现出他们追求平淡自然、内敛含蓄的卓荦特立之处。

喜扎巾帽是宋元文人学士的特征。宋代文人学士平时喜爱戴高而方正的巾帽,身穿宽博的衣衫。宋人将此种装束称作"高装巾子",并常以著名文人的名字命名,如"东坡巾""山谷巾""程子巾"等(见图7-17);也会以其含义命名,如"逍遥巾""高士巾"等。其中,"高桶东坡巾"尤受文人学士的喜爱,并几乎成为他们身份的标志和象征。巾帽与宽博衣衫相配,整体素净雅致,表现出文人墨客风流儒雅、高风峻节的高洁形象。

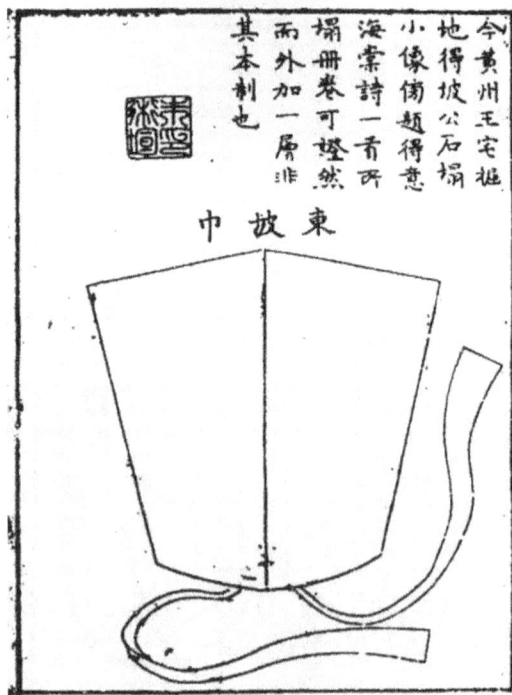

图7-17　宋代东坡巾

(3)明代。在明代,统治者为了加强政治统治、维系社会,将"衣冠之治"发挥到了极致。明代的服饰制度非常严格,但给予读书人以特殊待遇。明太祖非常重视举子的服饰,"三易其制"来规定他们的服饰,以与庶人、官员相区别。《明史·舆服志三》记载:"洪武三年命士人戴四方平定巾。二十三年定学士、生员衣,自领至裳,去地一寸,袖长过手,复回不及肘三寸。二十四年,以士人巾服,无异吏胥,宜甄别之,命工部制式以进。太祖亲视,乃三易乃定。"儒士、生员、监生等读书人大多穿襕衫或直裰。程子衣是明代文人学士的日常服饰,衣身较长,上下相连,腰间有接缝,缝下折有衣褶,袖宽大,斜领掩襟。

　　明代读书人也极为喜欢用巾,因为巾子简单且随意,能够彰显文人学士风流倜傥、襟怀洒落的性情。戴巾成为一种时尚潮流,因此明代的巾子是历代品种最丰富、个性最为鲜明的。顾起元在《客座赘言》中记载:"士大夫所戴,其名甚多,有汉巾、晋巾、唐巾、诸葛巾、纯阳巾、东坡巾、阳明巾、九华巾、玉台巾、逍遥巾、纱帽巾、华阳巾、四开巾、勇巾。巾之上或缀以玉结子、玉花瓶,侧缀以二大玉环。"在明代,方巾是当时最具代表性的一种头巾,是一种缝制呈四方形的便帽,以黑色纱罗制成,可以折叠,呈倒梯形,展开时四个角都是方形的,所以起名叫"方巾"(见图7-18)。明代《三才图会》述其来源谓:"方巾,此即古所谓角巾也,制同云巾,特少云文,相传国初服此,取四方平定之意。"除此之外还有儒巾,它是明代文人学士所戴的软帽,制如方巾,前高后低,初为举人未第者所服,后不分举、贡、监、生,均可戴之。

图 7-18　明代方巾

(4)清代。清末,男学生的服饰以长袍马褂、短褂长裤和单穿长袍三种中国传统服饰为主。后来在"中学为体、西学为用"的指导思想下,清朝开始向国外派遣留学生,同时允许西方传教士来华传教,教授各种西方的科学文化知识。派遣出去的留学生学习到了包括服饰在内的各种西方文化,开始了剪辫发、穿西装的先风。1907年,清政府颁布《文学堂冠服章程》,规定中等以上各学堂学生统一着装礼服、讲堂服和操场服三种服饰。其中,礼服和讲堂服均为浅蓝色夏布长衫。

19世纪五六十年代,西方传教士在中国建立了第一批女校。1907年颁布了《女子师范学堂章程》,标志着全国教育体制中学部开始兴办女学。清末女校大致分为教会学校、私塾和新式学堂,学生校服样式分上袄下裤、上袄下裙和长袍三种。例如,教会女子学校和广东女子学堂的学生穿着均为上袄下裤制,但前者的上袄宽大,长至臀部,袖遮手背,包裹严实,后者窄袖口,长至手腕,更为合身。上海女中学堂学生身着上袄下裙,上袄衣领较高,下裙为"围系式"马面裙,长至脚背。双城府官立女子师范学校的学生身着长袍,衣身较宽松,长至脚踝。

2. 近代学生服饰

(1)辛亥革命。辛亥革命爆发后,孙中山率先引进了高领西装和西式裤子。辛亥革命时期教育体制主要发生了两个方面的变革:一是废除了原来由礼部监管教育的旧体制,设立了全国性专门管理教育的机构;二是初步确立了小学、中学、大学三级学制。此外,私立大学出现、留学教育兴盛、革命党人创办革命党校等出现了多种新气象。辛亥革命结束了延续2000年的封建君主专制制度,极大地推动了中国教育近代化的步伐。随着教育的繁荣,学生服应运而生,制服式校服首次出现。制服式校服是基于中国传统服饰的创新设计,如女生穿着中式上衣,衣长及腰,袖长过肘,下装则为西式百褶裙,长度过膝(见图7-19)。

(2)五四运动。五四运动以后,在文明新装的基础上,除去大袖和装饰的花边,颜色素雅,校服渐渐演变成非常经典的款式。女生穿着立领斜襟的蓝布上衣,下身是藏青色长裙,男生则穿着一身藏青色中山装,这种校服也被称为"五四青年装"(见图7-20)。这种校服款式既沿袭了中国传统,也多了一些自由的感觉。

图 7-19 1916 年北京培华女子中学校服

图 7-20 五四青年服

中山装,是孙中山先生在日本留学时期广泛吸收欧美服饰的基础上,综合了日式学生服装与中式服装的特点设计出的立翻领有袋盖的四贴袋服装。中山装造型均衡对称,外形简洁得体,活动方便,保暖护身。其色彩丰富,除常见的灰色、蓝色外,还有黑色、灰绿色、驼色、米黄色、白色等。在不同场合,对其颜色的选择也有讲究,作为礼服,中山装颜色要庄重沉稳,而作为便服的时候色彩可以鲜艳活泼些。此外,中山装的形制寓意也极其讲究,前襟的四个口袋分别代表礼、义、廉、耻,门襟五粒纽扣代表五权分立,袖口三个纽扣代表三民主义,后背不破缝代表着国家和平统一之大义,封闭式翻领则显示严谨治国之理念。20世纪20年代末,南京国民政府重新颁布了《民国服制条例》,将中山装正式确立为法定制服,并赋予其"国服"的美誉。中山装的诞生,结束了中国数千年以长袍为主导的历史,颠覆了中国人对传统服饰和身体空间的固有认知。中山装的盛行,标志着服饰平等思想的产生,在中国服饰史上引起了一场巨大的变革。

(3)20世纪30年代。1929年,旗袍被中华民国政府定为国家礼服之一。在20世纪30年代,东西方文化交融交织,女生校服开始注重展现曲线美,由满汉服装相互融合、改良而成的新式旗袍尽显女性的温婉大方之美,深受女性喜爱。因此,当时的学校也将改良后的旗袍(见图7-21)作为学生的校服,旗袍校服也成为一个时代的见证。

图7-21 改良旗袍校服

　　(4)20世纪40年代。到了20世纪40年代,校服的款式有了翻天覆地的变化,大家开始摈弃传统的校服款式,转向包容性更强、相对宽松、更运动的款式(见图7-22)。这种校服更能适应学生活泼好动的特性,不会让学生在成长过程中产生束缚感和压迫感,更具有自由性。

图7-22　北京清华大学校服

　　3. 现代学生服饰

　　20世纪50年代,国家百废待兴,生产力水平受限,很多学校都没有固定的校服,中小学生大多穿着白色短袖衬衫、蓝色短裤或短裙,胸前佩戴着红领巾或团徽。而受政治影响,在大学女生中盛行的列宁装,也有少部分男生穿着。列宁装的样式为双排扣西装开领,腰中系一根布带,双排各有三粒纽扣,具有中性化的特点,是当时进步、革命的象征。穿着列宁装,梳着短发,是当时典型的女学生形象。

　　20世纪六七十年代,我国处于一个特殊时期,部分人曲解了服饰的含义,认为简朴是衡量一个学生是不是优秀青年学生的道德标尺。所以这一时期学生的服装失去了五颜六色,一身草绿色的军便装,头戴草绿色军帽,肩挎草绿色书包成为学生的典型装扮,这一时期的校园服饰文化达到了空前统一。到"文革"后期,虽然草绿色军便装不再统一,但学生的穿着打扮依然很朴素:男生大多穿着白衬衫,女生大多穿着素色印花衬衣和蓝色裤子。

20 世纪 70 年代末 80 年代初,在改革开放的影响下,兴起了"香港热",并且在经济复苏的浪潮中和宽松的政策下,学生开始追求个性,服装款式多样且颜色多变。中小学生普遍穿着白衬衫和蓝色背带裤,这种被大家称为"海军服"风格的校服是当时典型的中小学生服饰。而大学生中,学生的服饰令人眼花缭乱,男生常穿着夹克、风衣等,女生常穿着喇叭裤、皮衣、牛仔服、健美裤等。这一时期校服种类较少,并不是每个学校都有校服,且校服各不相同。

20 世纪 90 年代,大学校园服饰基本与之前相同,但是样式设计却千变万化。中小学校园服饰基本统一,不同学校可能在校服颜色或细节设计上有差异,但款式基本以运动服为主,适应学生活泼好动的成长特性。

进入 21 世纪,服饰风格百花齐放,新式与古典融合,复古与前沿并存。在中小学中可以看到中山装型校服、改良的水手服、运动校服等,各式各样。但目前来说,我国的校服主要分为两类:一类是运动校服,以 T 恤、运动衫为主;另一类是西式校服,以衬衣、西装外套、百褶裙、连衣裙、领结等西式元素为主。

（二）影响校园服饰文化的因素

1. 社会环境的影响

社会存在决定社会意识,不同的社会环境影响社会意识的改变与发展。校园服饰文化在一定程度上必然受到社会环境的影响,社会环境的影响会随着民俗的差异、地区的差异、文化的差异而不同,而受社会环境影响的校园服饰文化也会因地区的经济条件、政治制度、文化程度、民族习俗不同而产生差异。并且在社会快速发展的同时,大众的审美包括学生的审美也会随着社会环境的不断改变而变化。

2. 传媒的影响

传媒的语言权力是巨大的,它可以潜移默化地在人类的潜意识中留下所传播的思想、文化、观念,而这些被人们慢慢吸收消化,逐渐变成了大众的一种审美基准。影响校园服饰文化的主要传媒包括时尚杂志、电视、网络三种。

时尚杂志过去是学生群体了解时尚资讯的一大途径,可以让学生了解到当时世界流行的服饰和搭配。时尚杂志作为一种社会资源,受到当今社会的发展和流行趋势的影响而千变万化,同时又用自身传播的时尚潮流和流行文化影响着当今社会。时尚杂志不仅能让学生了解时尚潮流趋势,同时也能提高学生的审美及品位修养。

电视是现代社会人们接收外界信息的主要渠道。在电视的循环播放下,人们的价值观念、审美意识等逐渐发生改变。其中,学生是电视传媒的典型追随者,因为明星效应在学生群体中最明显,明星的流量效应总会形成一种时尚潮流,而这种时尚潮流的主要追随者就是学生。例如,韩剧的流行使得"韩版服饰"在校园中兴起,台剧、港剧中趋向于英伦风格的绅士服饰带动了校园服饰中英伦风的兴起。电视对大众潜意识的影响在追求个性和时尚的学生群体中表现得最明显,他们乐于吸收、敢于追求、勇于表达,校园服饰文化就是最直白的表达方式之一。

网络是强大、快捷的传媒媒介,它把世界的流行资讯、大众的审美意识、热议话题不知不觉地带入使用者的世界。网络强大的传播功能让校园服饰文化随着网络时尚潮流的改变而改变。只要上网搜索,就可以了解到当今的流行服饰、流行风格、流行颜色及潮流穿搭。

3. 艺术教育的影响

艺术教育主要是指培养学生基本的艺术审美修养。例如,对琴棋书画的培养、视觉造型的培养等,这些培养最终都会表现为人的审美。这种艺术教育可以有效地帮助学生融入社会、学会生活,在将来的发展中获得全面的提升。艺术教育可以提高学生的审美能力,塑造出朝气蓬勃的学生形象,形成青春阳光的校园服饰文化。

(三)校服设计与文化传承

校服是校园文化的重要组成部分,代表了一种独特的文化。校服体现了一种身份和责任,要求学生随时注意自己的言行举止,最能直观地代表一所学校,展示学校的历史文化;它是一种形象和符号,代表了一个学校学生集体的外在形象,让集体有了威严感和庄重感;它是一种特色和精神,让每一所学校都有自己的特色和精神风貌。对于学生来说,一身朝气蓬勃的校服会展现自己精神焕发、阳光积极的形象,对于培养平等观和集体感很有帮助。对于学校来说,校服是展现学校办学特色、教育理念和精神风貌的载体。校服的统一为学校增添了和谐、阳光、奋发之美,展现了规范、团结、进取之力,使学生的精神面貌斗志昂扬,学校的精神面貌焕然一新。

近年来,受外国影视剧的影响,有部分同学不爱穿校服或者自己改造校服,这反映了学生对目前校服样式的不满,希望改革校服样式,紧跟潮流。许多学校已经将校服改成韩版校服、西式校服等。但校服作为体现一个国家学生形象的标志性服装,更应该体现出国家深厚的文化底蕴,并且通过校服将国家文化底蕴传递给学生。校服是展现国家文化的微窗口,在设计校服时不仅要结合流行时尚元素,更要结合国家和民族的传统文化,将时尚文化和传统文化完美结合,在体现包容性的国际化的同时又能弘扬本国文化,讲好中国故事。

三、不同场合的服饰

摆脱了校服的束缚,来到大学的学生穿衣更加自由,时尚搭配和个人形象塑造极具个性。但在一些场合,合适的服饰更能凸显一个人的素养,还能提高他人对自己的印象分。

(一)答辩服饰

答辩一般较为正式,有竞赛答辩、评奖答辩和毕业答辩等,着装需严肃得体。在答辩时可以选择西装,不仅凸显对答辩的重视、对老师的尊敬,还能给老师留下专业的印象。答辩服饰最好选择素色,总体颜色不超过三种,一般上浅下深、内浅外深。通常遵循四大原则:有领原则、纽扣原则、西装与皮带原则、皮鞋原则。具体指穿着有领衬衫、纽扣服装、深色皮鞋,男生穿着西裤须系皮带。男生的着装规范是深色西服+西裤+深色皮鞋+衬衫+领带,女生的着装规范是深色西服+套裙+深色皮鞋+衬衫+领结,裙子要过膝。

(二)典礼、晚会服饰

在开学典礼、迎新晚会等半正式场合,高校青年应该展示其朝气蓬勃的形象,不穿奇装异服,着装大方,展现青春活力。而在比较正式的晚会和宴会上,可以选择不同的礼服来更好地展示自己,男生多显绅士,女生多显优雅。在毕业典礼上,学士服是必不可少的,不同的专业其垂布的颜色也不相同。而学士服的附属服饰也有讲究,上装应穿着白色或浅色衬衫,男生下装着深色裤子,女生下着深色裤子或裙子、深色皮鞋。

(三)面试服饰

1. 部门社团面试

学生会、团委的面试要穿着干净整洁,面试可以选择穿正装。但是社团的面试着装要根据面试社团的性质而定。例如,面试滑板社、街舞社等可以选择潮流的服饰搭配,面试模特社可以穿着较时尚,面试动漫社可以选择二次元服饰。

2. 志愿者面试

志愿者的工作是服务大众,所以通过服饰来展示自己的礼仪形象非常重要。志愿者面试也要根据服务的场合来决定服饰,大方整洁是首要原则。例如,参加杭州 G20 峰会、互联网大会等志愿者面试时,应该穿着较为正式的服饰以展现自己专业的礼仪;亚运会、马拉松等志愿者面试时,可以穿着较为运动的服饰;与儿童打交道的志愿者面试时,可以穿着较可爱或带有动物图案的衣服,以展现亲和力。

3. 就业面试

随着每年毕业生人数增加、就业竞争压力加大,公司对招聘的要求也有所提高。英国社会学家卡莱尔说过:"所有的聪明人,总是先看别人的服饰,之后再通过服饰看到内心。"因此,高校青年的个人形象在求职过程中起着举足轻重的作用。不同类型的公司有不同的特点,对面试者的要求也不同。高校青年要根据公司类型选择合适的服饰,综合提升个人品位和个人形象,以便在面试中取得事半功倍的效果。

(1)专业类。此类型主要包括政治、法律、管理、金融、高等教育等相关工作。在这些工作单位应聘时,形象重点为专业与稳重。着装以正式商务装为宜,以展现沉稳、简洁的形象,给人以专业、干练、成熟、可靠的印象。材质上需要稍微考究,颜色以灰色、深蓝色、黑色或求职单位的代表色为宜。男生应该穿着成套的深色西装,衬衫以白色、浅灰色、浅蓝色为宜,领带最好选择保守的素面、小圆点或斜条纹图案,色彩最好以稳重的深色或深底浅纹为主。女生应该穿着西装窄裙,偏深的中性色为佳,内配浅色衬衫。

(2)技术类。此类型主要包括信息、科研、农业、工业、食品业等相关工作,需要专门技术。这些职业相对严谨,着装应沉稳,给人以信任的感觉,以端庄大方的形象为宜。男生最好穿着衬衫,搭配领带,下装可以选择深色西装裤。女生应穿着长袖或七分袖衬衫或针织衫,下身搭配及膝裙或长裤。

(3)亲和类。此类型主要包括中介、营销、护理、餐饮、中小学或幼儿教育等营销与服务相关的工作。这些领域注重亲和力和沟通力,整齐利落、充满活力的服饰可以显得你干劲十足、精力充沛,在极短时间内赢得面试官的充分肯定和信任。在这些工作面试中廓形是非常重要的,面料的质感更能衬托你的聪明能干,修身的服饰会让你更加有竞争力。男生可以选择成套西装,也可以选择配套西装与西裤,还可以选择长袖衬衫搭配领带,衬衫的颜色有多种选择,领带的颜色可以稍明亮些,以表现亲和力和良好的沟通能力。女生可以选择连衣裙加外套或两件式针织衫配及膝裙,颜色可以偏柔和或明亮,展现温柔体贴。

(4)创意类。此类型主要包括媒体、广告、时尚、创意设计等相关工作。此类型职业的工作环境相对轻松随意,但是并不代表面试的装扮可以随便。在服饰搭配上虽然不一定要非常前卫新潮,但务必做到穿着有品位、有心思,在搭配上展现出自己对时尚的理解。整体的服饰要时尚但又不显得轻浮,有设计感的连衣裙等是不错的选择。搭配要兼具时髦感与沉稳感,有创意、色彩明亮的服饰会更让面试官印象深刻。

四、传统服饰的传承与文化自信

(一)我国传统服饰的特点

1. 原料多样,就地取材

原料是构成服装的基础,种类丰富的原料经过加工才能成为各式各样的服饰。我国地域辽阔,各地区气候各有差异,且受经济活动的影响,产生的服装原料也不同。在生产力水平较低的古代,服装原料较为受限,通常只能就地取材。就地取材成本低且方便,也更适合当地人们的生产方式和习惯。在我国农耕区,人们从事农业生产,因此服饰原料多为麻、棉花等,通过加工编织成麻布、棉布等用来制作不同的服饰。而我国北方受寒冷气候的影响,多从事畜牧业,因此兽皮、动物毛发多成为当地的服饰原料,再将其制作成皮衣、皮靴和绒帽,以便驱寒保暖。

2. 色彩丰富,绮丽多姿

色彩是服饰的重要组成部分,是服装感观的第一印象。不同色彩的服饰带给人的感觉各不相同。我国传统服饰色彩主要有自然色彩、封建色彩、近代色彩三种形态。自然色彩可以反映人们的直接感知。赤红的太阳、动物殷红的血,带给原始人类温暖、光明、希望、食物和生命,因此红色是原始人类最关注的色彩之一。考古发现证明,红色也是人类最早制造和使用的色彩之一。它来源于当时中国发达的石器制造技术,以赤铁矿为原料研磨而成的颜料是人类最熟悉、最易找到和利用的。封建色彩主要来源于等级制度,如商代将取于自然的青、赤、黄、白、黑五色作为尊贵的色彩,只有奴隶主贵族才能使用。《考工记》记述了当时的贵族服饰色彩:"青与赤谓之文,赤与白谓之章,白与黑谓之黼,黑与青谓之黻,五色备谓之绣。"近代色彩以民族吉祥意象为特征,如新春之际,鲜明的唐装与多彩的年画、对联、爆竹呼应。

受地域文化等影响,不同民族的审美倾向也存在一定的差异。各民族服饰因色彩多样而显得绮丽多姿,五彩斑斓。例如,朝鲜族素有"白衣民族"之称,自称"白衣同胞",朝鲜族人比较喜欢素白色服饰,以展示干净、朴素、大方;而拉祜族喜爱黑色,以黑为美,喜穿黑布长衫,用红色或白色花边镶缀在袖口、襟边,显得光艳美丽。绮丽多姿的民族服饰是不同民族在生存过程中对自然赋予美好生活和人民智慧的记录,是对未来的美好祝愿和祈祷。

3. 纹样别致,实用美观

中国传统服饰上的纹样既记录了前人的生产生活风貌,又展现了前人高超的织绣技艺和高雅的审美情趣,是中华文化的艺术瑰宝,是璀璨中华文化的重要组成部分。纹样在细节之处展现民族服饰的实用、美观。起初,纹样的基本意义是简单实用,随着生产力发展和技术提高,人们的精神文化需求得以展现,纹样也因此变得丰富多样。例如,赫哲族将鹿皮剪制成云纹缝制到衣领、袖口等处,不仅能起到保护衣领和袖口的作用,而且更加美观,寓意着吉祥喜庆的愿望和对生命的美好向往,突出了民族服饰的特色和中国传统文化的博大精深。

(二)我国传统服饰对当代服饰文化的影响

1. 传统服饰元素在现代服饰设计中的具体应用

我国历代传统服饰在中华民族演化、发展的过程中不断传承,同时在民族融合的过程中,相互借鉴和吸收。当下,传统服饰元素的应用越来越广泛,也深受人们喜爱。将传统文化元素与现代时尚设计相结合,完美地融入现代服饰中,不仅可以跟紧时代潮流,还能借助中国传统服饰元素将鲜明、独特的个性特色和民族特色展现得淋漓尽致。由此可见,中国传统服饰元素成了现代服饰设计中一种特殊的设计语言。中国传统服饰元素在现代服饰设计的应用主要表现在以下五个方面。

(1)造型款式。款式设计方式主要有两种:一种是平面裁剪法,根据测量的人体比例在基本样板上进行制图,然后制成样板或衣片,这种方法使得款式相对单一,操作固定;另一种是立体裁剪法,将面料直接披挂在人体模型上进行裁剪与设计,这种方法使得款式多变,更具个性化。立体剪裁法能让设计师进行更好的创作,例如,一些中式立领款的旗袍通常较为宽松飘逸,但是通过立体裁剪可以展现人体自然的曲线美,再融入绱袖、垫肩等现代时尚设计,实现传统与现代的碰撞;传统元素盘扣通过立体裁剪可以得到拉伸或延展;传统纹样通过立体剪裁可以增加立体感等,使纹样能更完美地展现出来,使服装更具风韵。

(2)色彩搭配。传统服饰色彩讲究"清正",即纯粹干净,不含杂质,色彩原料取之自然,是自然色彩。其中,红色是原始人类最早关注、最早制造和使用的色彩之一,受到人们极大的尊崇。封建等级制度形成后,色彩就被赋予了伦理地位上的意义,如黄色是帝王的专用色彩。古人通过就地取材,将棉花、麻等作为服饰原料,但由于棉花、麻等颜色单一,其所制成的服饰很难符合人们日益增长的审美要求,因此印染技术得以产生。印染技术的不断发展和进步,也使得服饰的颜色绚丽多彩。在当代服饰文化中,受中国传统服饰文化的影响,人们仍尊崇红色、黄色,在喜庆的节日里仍喜以红色为主色调。

(3)面料选择。我国传统服饰原料受气候环境、生产力技术的限制,通常以就地取材为主,主要有棉、麻、动物皮毛等。因此我国常见的传统服饰面料以棉布、麻料、丝绸和皮毛制品为主。棉布吸汗透气、耐热保暖、价格便宜;麻料凉爽透气、抗酸碱、抗霉变、不易起球、寿命较长;丝绸光滑柔软、色泽华丽,较能体现中华民族特征;皮毛制品柔软舒适、实用保暖。随着科技进步,许多新合成的面料出现,它们在垂感、手感等方面得到了优化。虽然化工原料的优势明显,但传统服饰面料仍在大众选择服饰中占主导地位,并结合现代技术使服饰有了更大的创造性。例如,麻料是古代贫苦百姓服饰的主要面料,但在当代社会,麻料凭借其轻便透气的特点,并与现代先进技术和流行风格相结合,在夏季深受大众喜爱。

(4)图案纹样。图案纹样作为一种无声的语言蕴含着丰富的内容,其重要性在当代服饰文化中也比较突出。中国的传统纹样,以神话传说、天文现象、汉字组合、自然现象等为基础,通过比喻、谐音等方式融入图案中,寄托人们对自然世界万物的崇拜、感恩和对未知世界的敬畏,展现出人民对美好生活的祝福、憧憬和向往。纹样大多有龙凤、祥云、牡丹、鱼、寿字等吉祥文案,寓意着吉祥如意、荣华富贵、年年有余、长命百岁等。这些经典纹样常常被继承、改良和创新,通过其所蕴含的美好寓意,并与当代人的文化需要相结合,采用现代化的表现方式和风格,设计出与当代审美理念相适应的图案纹样,广泛应用在现代服饰设计中。

(5)传统工艺。传统工艺是指从民间流传而来的一种工艺,它既具有自身的艺术特色,又带有民族特有的文化烙印。例如,蓝印花布、中国结、刺绣等。以蓝印花布为例,它是我国国家级非物质文化遗产,采用植物染料手染而成,生产蓝印花布的方法包括四种工艺:夹缬、绞缬、蜡缬、灰缬。传统的蓝印花布图案较为复杂,为了迎合现代简单大气的审美倾向,在保留传统技艺特色的基础上,对图案纹样进行了改良,呈现出山水画般的朦胧感。可以看到,现在很多设计师将中国传统工艺应用到现代服饰设计中,使传统工艺得到更好的传承和发展,也将中国文化更好地传播出去。

2. 传统服饰元素在现代服饰设计中的应用现状

(1)传统服饰设计理念日益淡化。在全球化的趋势下,世界各国文化相互交融、渗透,传统服饰元素受到前所未有的冲击,设计师为了迎合潮流、时尚、市场而选择妥协,越来越少的传统服饰元素出现在现代服饰中。相比于周边国家,我国传统服饰元素的利用率远远低于其他国家。此外,目前来说现代服饰中我国所利用的传统服饰元素仅仅局限在大家熟知的汉服、旗袍和唐装,缺乏对其他传统服饰元素的挖掘与应用,我国博大精深、源远流长的传统服饰文化没有得到充分的运用和展示。传统服饰元素更多体现了传统服饰理念,而注重传统服饰理念,则是对我国传统文化的尊重和赞同,是对中华民族精神的认同。

(2)现代服饰设计创新能力较差。我国服装行业在改革开放后发展迅速,涌现出一批优秀的设计师,各种服装品牌也应运而生。而在服装设计紧跟时代步伐、与世界接轨的过程中,盲目"跟风"使我国传统服饰文化逐渐失去了中国特色。设计师对我国历史和文化认识不到位、对传统服饰文化了解不深,导致设计生搬硬套,缺乏新意和创造性,不仅没能充分体现我国传统服饰元素的优势和文化自信,还难以吸引消费者。

(3)传统服饰设计元素与现代服饰设计融合不充分。随着传统服饰文化越来越受到关注,我国服装界也涌现出一批富有创造力的设计师。他们将传统服饰元素和现代服饰设计融合,形成自己独特的设计风格。但大部分设计师对传统服饰元素的认识和理解不够充分,往往停留在浅层,没有对我国传统服饰文化的内涵进行较好的表达和运用,显得服装僵硬、呆板。将传统服饰元素与现代服饰设计完美融合是我国服装界迈上新台阶的重要举措,更是向世界展示、传播我国民族文化的有力途径。

3. 传统服饰元素在现代服饰设计中的应用策略

(1)加强专业教育,营造文化氛围。如果想要将传统服饰文化融合于现代服饰设计,专业知识学习必不可少。作为传统与现代服饰桥梁的设计师,需要具有较好的专业服饰设计知识基础。服装专业的教学活动中要重视对传统服饰元素的教授,使学生在步入社会之前就具有一定的知识储备。而对于已经毕业的设计师,可以通过举办传统服饰大赛对其进行锻炼,使其掌握传统服饰文化的精髓。当前,西方设计的服饰占据主导地位,导致我国许多设计师过分追求西方的设计理念,忽略了我国传统服饰之美。服饰的发展要根植于自己的文化,盲目追求西方风格势必会阻碍我国现代服饰设计的发展。所以需要采用多种措施,营造良好的传统文化氛围,让传统服饰文化深入人心。

(2)理解文化内涵,提高专业素养。设计师是服饰表达的灵魂,要想设计出优秀的服饰必须有深厚的文化内涵。传统服饰和现代服饰的融合,不只是款式、颜色上的融合,更要把传统文化的精髓注入现代服饰之中。所以设计师需要加强对传统服饰文化的把握,努力学习我国博大精深的传统文化,为更好展现传统服饰文化而努力。

(3)把握设计风格,提高品牌意识。品牌是服饰设计的重要一环,设计师要想脱颖而出,就要有自己独特的设计风格,特色便是品牌的旗帜。当代服饰设计领域,抄袭现象屡见不鲜。但是具有文化内涵的、具有鲜明品牌特点的服饰是不能被复制的。除此之外,想要促进我国服装行业发展,中西风格的对比必不可少。对中西方传统服饰的对比和分析,更能挖掘中华传统服饰的特别之处,继而将其融入现代服饰设计,建立具有中华文化特色的服饰品牌。"中国风"服饰想要在世界占一席之地,中国服饰品牌必须站起来。所以,在传统与现代服饰融合之中,要强化品牌意识和品牌设计。

(三)中国传统服饰文化与高校青年文化自信

1. 中国传统服饰文化与高校青年文化自信的关系

中国传统服饰是中华文化的载体。《春秋左传·正义》有言:"中国有礼仪之大,故称夏;有服章之美,谓之华。"中华传统服饰承载着中华优秀传统文化的基因,是中华民族创造的宝贵财富,是优秀传统文化的载体和重要组成部分。我国素有"衣冠古国"的美誉,从胡服骑射到旗袍礼服,不同时期的服饰展现了当时人们的生产生活方式和思想意识,在发展过程中不断交融,共同构成了中国传统服饰的艺术宝库。

高校青年是中国社会未来的建设者和接班人,也是决定中国未来命运的重要力量。随着中国特色社会主义进入新发展阶段,党的十九届五中全会提出建设社会主义文化强国目标,要求高校青年承担起传承、发扬中华文化的责任和使命。高校青年了解、学习中国传统服饰不仅能提升个人文化素养,还能更好地培育文化自信,在面对外来文化冲击时保持正确的价值观,用文化传承和文化创新弘扬中华优秀传统文化。

2. 中国传统服饰文化与高校青年文化自信融合的现状

在全球化背景下,各种文明在冲突、交融、碰撞的过程中发展。西方思想和文化的入侵对中华民族传统文化造成了一定的冲击和影响。如今,高校青年存在较为严重的攀比、从众心理,价值观还不够成熟,热衷于追求时尚潮流和品牌,受西方文化的影响较大,容易对西方服饰文化产生认同感和依赖感,忽略对传统文化的坚守和传承。此外,社会和学校对传统服饰文化的宣传较为单一,导致高校青年对传统服饰文化的认识不深刻。在新教育理念下,高校青年对传统服饰文化的接受度不断提升,并把民族元素当作时尚的表现,但仍存在从众心理,忽略了其中蕴含着的博大精深的中华民族文化和高尚的民族精神。

3. 中国传统服饰文化与高校青年文化自信融合的方式

对中国传统服饰文化进行传承、创新,并使其与高校青年文化自信相融合,需要家庭、学校和社会共同营造良好的环境和氛围,以学生喜闻乐见的形式实现服饰文化的新发展,增强传统服饰文化的感染力。

"言传不如身教,身教不如境教。"家庭在传统服饰文化教育中承担着重要的责任。家长应该以身作则,多了解中国传统服饰文化,为孩子灌输正确的价值理念。家长可以在实际生活中潜移默化地向孩子传达传统服饰文化的内涵与价值,增强他们对传统服饰文化的认同感和自豪感。此外,家长可以带孩子参观、体验与传统服饰文化有关的景点等,激发孩子对传统服饰文化的兴趣。

学校可以开设传统服饰文化相关课程宣传传统服饰文化。通过开设专业课程,教师可以采取案例教学或实践教学等方式,带学生深入剖析和挖掘传统服饰文化的含义与意义。还可以通过组织团队实地参观、体验服饰展览馆等方式,让学生直观感受中国传统服饰文化的博大精深。此外,第二课堂、宣讲会、服装设计大赛等都是普及和推广传统服饰文化的良好途径,可以吸引感兴趣的学生进一步了解中国传统服饰文化。

全社会要积极营造弘扬传统服饰文化的氛围。政府、媒体和企业要积极搭建利用平台,制作传统服饰文化相关的短视频等,传播中国传统服饰文化,提升文化自信。政府还可以利用现代科学技术建立传统服饰文化交流平台、体验馆等,对不同服饰文化进行线上讲解,强化公众对传统服饰的认知,营造良好的学习氛围。

(四)中国传统服饰文化与国家文化自信

1. 中国传统服饰与国家文化自信的关系

中国传统服饰文化作为中国传统文化的重要组成部分,可以让中国人民产生强烈的身份认同感,是文化自信的重要体现。

如今,在许多国际场合,中国都在向世界展现着强大的文化自信。在北京冬奥会开幕式上,旗手的红色礼服、冰壶队服的泼墨设计、金边祥云的外套,还有"瑞雪祥云""鸿运山水""唐花飞雪"无一不在展示中国式浪漫和中国韵味,是中国传统服饰文化与奥林匹克精神的结合。在出席许多国际会议时,习近平主席和夫人彭丽媛身着中式服装饰,展示着中国服饰典雅和大气的形象。国家领导人带领中国传统服饰文化走出国门,不仅向世界展示着中华文化的魅力,也向世界展示着国家文化自信和大国形象。

2. 中国传统服饰文化的传承现状与文化自信

文化传承是文化自信的基础,文化自信是文化传承的体现和内在动力。如今,随着我国国力日渐强大,民族自信、文化自信也越来越强。坚定文化自信,推动中华优秀传统文化创造性转化、创新性发展,使得中国传统服饰文化中的文化自信也得到了充分体现。

许多影视剧都展现了传统服饰文化之美,如《延禧攻略》中的吉服、燕服,《知否知否应是绿肥红瘦》中的罗衫、襦裙、褙子、云肩等,这些影视作品都在向我们展示着精美的中国传统服饰和复杂的工艺。作为中华传统服饰中最具有代表性的汉服和旗袍,在国民中掀起了一阵潮流。"汉服热""旗袍热"等现象在高校青年中有较为普遍,这都是对中国传统服饰文化的再现与传承。

参考文献

柏洁.新常态下政务礼仪修养探究[J].公关世界,2022(18):10-11.

陈四海,刘健婷."孝"与"乐"的二元同构——论儒家思想与《礼记》中的礼乐文化生成[J].交响(西安音乐学院学报),2005(1):14-21.

陈亚惠.传统礼仪文化的传承与创新[J].人民论坛,2017(23):136-137.

陈瑜.商务礼仪在国际商务活动中的应用方法探析[J].中国市场,2019(3):101-102.

陈元晖.老解放区教育简史[M].北京:教育科学出版社,1982.

邓芳.中国古代礼仪文化[J].大众文艺,2015(11):248-249.

葛晨虹.浅谈中华传统文化的思想内涵与当代价值[J].文教资料,2018(1):64-68

韩冰.礼入于法出礼入刑——解读儒家思想中的"礼"[J].法制与社会,2010(25):9-10.

贺小玲.主流媒体大学生报道的议题设置与大学生媒介形象塑造——基于2017年《中国青年报》的内容分析[J].传媒,2018(11):30-32.

侯迎忠,罗利娜.主流媒体大学生形象塑造的实证研究——基于《中国青年报》《广州日报》《羊城晚报》的内容分析[J].广东外语外贸大学学报,2010,21(2):51-54.

黄立霞.礼仪教育的传统意蕴及其现代价值[J].现代交际,2017(9):86.

黄立霞.文化创新比较研究[J].文化创新比较研究,2021,5(5):17-40

黄立霞.传统礼仪文化的现实价值及其传承路径[J].汉字文化,2017(19):74-75.

黄志环.论商务礼仪对个人未来职业发展的作用[J].黑龙江人力资源和社会保障,2021(17):117-119.

姜艳艳.国际经济贸易发展中商务礼仪的作用[J].营销界,2021(38):26-27.

金理."角色化生成"与"主体性成长":青年形象创造的文学史考察[J].文

艺争鸣,2014(8):56-67.

柯惠新,赵静,邹玲,等.奥运背景下的中国人形象研究[J].对外传播, 2009(4):34-36,53.

李立文.当下青年女性形象分析——以《中国妇女报》抽样的报道为例 [J].南昌航空工业学院学报(社会科学版),2007(1):66-69.

李振强.三才—象—礼乐:礼器的形而上学[J].自然辩证法研究,2022,38 (4):100-107.

刘胜枝,安紫薇.呈现与建构:直播、短视频中小镇青年的形象分析——以 快手、抖音平台为例[J].中国青年研究,2019(11):37-43.

刘曦,何亦星.杭州国际形象的社交媒体传播效果研究[J].浙江理工大学 学报(社会科学版),2015,34(4):318-324.

陆晨曦,谭清美,黄雨辰.基于扎根理论的现代社交礼仪的有效性研究 [J].武汉纺织大学学报,2018,31(4):68-74.

倪健.国际交往与中国青年形象[J].世界知识,2010(23):49-51.

彭佳妮,冯广圣."拟在场":网络社交礼仪功能辨析——以微信"拍一拍" 为例[J].东南传播,2021,199(3):130-132.

漆悦.商务礼仪在现代商业竞争中的影响和应用[J].中国市场,2020 (14):109,111.

史华楠.中国礼仪的起源与鸿蒙之初的礼仪文化[J].扬州大学学报(人文 社会科学版),1999(1):25-29.

史雪峰.礼仪教育的传统意蕴及其现代价值[J].现代交际,2017(9):86.

沈鲁,彭俊颖.五四精神视域下早期中国电影青年形象的银幕书写[J].电 影文学,2020(1):119-121.

盛芳.从"典型"到"领袖"——媒介社会学视野中的青年形象变迁及反思 [J].贵州师范大学学报(社会科学版),2012(5):24-28.

苏渭昌,雷克啸,章炳良.中国教育制度通史:第八卷[M].济南:山东教育 出版社,2000.

谭德礼.培育大学生传统文化素养的思考[J].中国青年社会科学,2017, 36(3):101-106.

汤媛.中国礼仪文化[M].北京:经济科学出版社,2001.

汤媛,季卫兵.新时代青年礼仪教育的基本特征、核心意蕴与实践路径 [J].教育评论,2022(12):98-103.

王芳.浅谈党政干部的政务礼仪修养[J].黑龙江史志,2012(13):72-73.

王国平.中国电影青年形象概观[J].中国青年研究,2004(7):27-36.

王晓焘.青年媒体形象的特征与变迁——基于《中国青年》杂志的内容分析(1980—2009)[J].中国青年研究,2011(4):54-60.

王晓薇.浅谈中华礼仪文化的传承[J].河北省社会主义学院学报,2015(3):72-74.

王宇航,禹杭.中国故事国际传播中的青年形象塑造研究[J].湖北社会科学,2019(9):181-188.

巫鸿.礼仪中的美术[M].北京:生活·读书·新知三联书店,2016.

吴蕾.商务礼仪在市场营销中的作用分析[J].纳税,2018,12(31):224.

吴十洲.两周礼器制度研究[M].北京:商务印书馆,2016.

徐文娟,苏恒,陈长瑶.基于英文官网的中国高校国际形象建设研究[J].高等教育研究学报,2019,42(4):64-72.

燕国材.应重视非智力因素的培养[J].教育艺术,1994(6):40.

阎秀芝.中国传统礼仪文化的传承与发展[J].四川戏剧,2017(2):71-74.

杨磊.优秀传统礼仪文化的传承与创新的基本路径[J].管理观察,2018(13):112-113.

杨秋溆.行业需求环境下的大学生职场形象礼仪培训[J].现代职业教育,2017(19):148.

杨歆迪.中国电影中青年形象的流变与启示[J].中国电影市场,2022(12):34-40.

杨晓刚.政务礼仪:党政干部必备的素养[J].中共云南省委党校学报,2006(4):84-85.

姚君喜.外籍留学生对中国人形象认知的实证研究[J].当代传播,2015(4):64-66.

于丽萍.《传统礼仪文化》的现实价值及其传承路径[J].汉字文化,2017(19):76

于丽萍.中国传统礼仪文化的当代价值及其实现机制研究[D].济南:山东大学,2016.

于述胜.中国教育制度通史:第七卷[M].济南:山东教育出版社,2000.

曾宪义,赵晓耕.中国法制史[M].北京:中国人民公安大学出版社,2016.

张安强.浅谈中华传统礼仪文化的思想内涵与当代价值[J].文教资料,

2018(1):64-65,88.

张自慧.礼文化的价值与反思[M].上海:学林出版社,2008.

郑承军,唐恩思.青年镜像:中国形象在海外社交媒体上的传播与塑造[J].中国青年社会科学,2020,39(6):1-9.

郑建琼.浅议领导干部公众形象的塑造[J].中共云南省委党校学报,2013,14(5):175-177.

朱桂生,黄建滨.西方主流媒体视野中的中国青年形象研究——基于BBC纪录片《中国的秘密》的批评性话语分析[J].中国青年研究,2017(5):106-111.

附　录

附录一　杭州青年社交形象调查问卷

您好！这份问卷是为研究在杭留学生对杭州青年社交形象的评价而设计的。感谢您参加本次的问卷调查。本调查是不记名的，您的回答将完全保密。十分感谢您的合作和帮助！

This questionnaire is designed to study the evaluation of Hangzhou young people's social image by foreign students in Hangzhou. We appreciate you to complete this questionnaire with the attitude of cooperation. This survey is anonymous，and your answer will be kept strictly confidential. Thank you very much for your cooperation and help.

基本信息（Basic information）

国籍（Nationality）_____

性别（Gender）_____

年龄（Age）_____

学校（School）_____

年级（Grade）_____

来华时间（How long have you been in China?）_____

社交情况（Social communication）

1. 你有中国朋友吗？（Do you have Chinese friends?）

A. 几乎没有（Nearly no friends）

B. 很少（1—3 个）（One or two friends）

C. 有一些（3—10 个）（Some friends）

D. 很多(≥10 个)(More than 10 friends)

2. 认识中国朋友,你有困难吗?（Do you have difficulties to meet Chinese friends?）

A. 很困难(Very difficult)

B. 有点困难(A little difficult)

C. 没有困难(No difficulties)

3. 在中国,你的本国朋友、中国朋友和其他国家朋友的占比各是:_____%、_____%、_____%。

（How many percent of your native friends，Chinese friends and foreign friends in China?）

4. 在中国,你认为你与杭州青年交往的愉悦度是如何变化的?

（In China，how do you think the pleasure of your interaction with Hangzhou's friends has changed?）

A. 越来越好(Better and better)

B. 越来越差(Worse and worse)

C. 没有明显变化(No significant change)

社交目的(Social purpose)

1. 你认识中国朋友的目的?（What's your purpose of making Chinese friends?）

A. 提高中文能力(Improve Chinese)

B. 了解中国文化(Learn Chinese culture)

C. 扩充人脉(Expand contacts)

D. 掌握当地信息(Learn local information)

E. 适应学校学习环境(Adapt to the school environment)

F. 其他(Others)_____

2. 你希望通过什么方式增加与中国朋友的社交?

（How do you want to increase your social contact with Chinese friends?）

A. 线下文化沙龙(Offline culture salon)

B. 线上聊天(Online chat chatting)

C. 朋友聚餐(Having meals with friends)

D. 网络游戏(Online games)

E. 志愿活动（Volunteer activities）

F. 家庭做客（Family visits）

G. 其他（Others）_____

社交形象评价（Evaluation of social image）

1. 在与杭州朋友交往过程中对杭州青年的总体评价：

（The overall evaluation of Hangzhou's friends in your contact with them.）

A. 很满意（Very satisfied）

B. 满意（Satisfied）

C. 一般（Just so so）

D. 不满意（Unsatisfied）

E. 很不满意（Very unstatisfied）

2. 请对杭州青年做出评价：

（Please comment on the following aspects of Hangzhou youth you know.）

项目（请在相应的分数上打勾） Options（Please tick the corresponding score）		非常不满意→非常满意 （Dissatisfied→Satisfied）				
仪容、仪表、仪态 （Appearance and manner）	面部清洁（Facial hygiene）	1	2	3	4	5
	口腔清洁（Oral cleaning）	1	2	3	4	5
	眼部清洁（Eye cleaning）	1	2	3	4	5
	体味处理（Body odour）	1	2	3	4	5
	颈部清洁（Neck cleaning）	1	2	3	4	5
	发型修饰（Hair style）	1	2	3	4	5
	妆容规范 （Make up standard）	1	2	3	4	5
	着装得体（Dress properly）	1	2	3	4	5
	见面礼仪 （Greeting etiquette）	1	2	3	4	5

续表

项目（请在相应的分数上打勾） Options(Please tick the corresponding score)		非常不满意→非常满意 (Dissatisfied→Satisfied)				
仪容、仪表、仪态 （Appearance and manner）	表情管理 （Expression management）	1	2	3	4	5
	交谈对话（Conversation）	1	2	3	4	5
	微笑礼仪（Smile etiquette）	1	2	3	4	5
	坐蹲站姿（Sitting、squatting and standing）	1	2	3	4	5
	行姿规范（Walking posture）	1	2	3	4	5
	手势礼仪（Gesture etiquette）	1	2	3	4	5
	致意礼节（Courtesy）	1	2	3	4	5
	交谈距离（Talking distance）	1	2	3	4	5
精神状态 （Spiritual outlook）	自信大方 （Confident and generous）	1	2	3	4	5
	积极向上（Positive）	1	2	3	4	5
	眼神状态 （Meaningful glance）	1	2	3	4	5
	乐于助人（Always be ready to help others）	1	2	3	4	5
	文化底蕴（Cultural spirits）	1	2	3	4	5
	谦和好礼（Modest and courteous）	1	2	3	4	5
	尊老爱幼（respect the old and cherish the young）	1	2	3	4	5
	诚实守信（Be honest and trustworthy）	1	2	3	4	5
	勤劳节俭（Industrious and thrifty）	1	2	3	4	5
	有责任感（Have a sense of responsibility）	1	2	3	4	5

附录二　编码手册

项目	变量	含义		宽度	栏码	答案赋值
问题A1	A1	国籍		1	1—10	根据实际国籍填写
问题A2	A2	性别		1	11	1="男"　　2="女"
问题A3	A3	年龄		2	12—13	根据实际年龄填写
问题A4	A4	学校		20	14—24	根据实际学校填写
问题A5	A5	年级		2	25—27	根据实际年级填写
问题A6	A6	来华时间		3	28—29	根据实际时间填写
问题B1	B1	中国朋友个数		1	30	1="几乎没有"
					31	2="很少（1—3个）"
					32	3="有一些（3—10个）"
					33	4="很多（≥10个）"
问题B2	B2	认识中国朋友的困难程度		1	34	1="很困难"
					35	2="有点困难"
					36	3="没有困难"
问题B3	B3	本国朋友比例		1	37	根据实际比例填写
问题B4	B4	中国朋友比例		1	38	根据实际比例填写
问题B5	B5	其他国家朋友比例		1	39	根据实际比例填写
问题B6	B6	与杭州青年交往愉悦度变化		1	40	1="越来越好"
					41	2="越来越差"
					42	3="没有明显变化"
问题C1	C11	认识中国朋友的目的	提高中文能力	1	43	0="否",1="是"
	C12		了解中国文化	1	44	0="否",1="是"
	C13		扩充人脉	1	45	0="否",1="是"
	C14		掌握当地信息	1	46	0="否",1="是"
	C15		适应学校学习环境	1	47	0="否",1="是"
	C16		其他	1	48	根据实际情况填写
问题C2	C21	与中国朋友社交的方式	线下文化沙龙	1	49	0="否",1="是"
	C22		线上聊天	1	50	0="否",1="是"
	C23		朋友聚餐	1	51	0="否",1="是"
	C24		网络游戏	1	52	0="否",1="是"
	C25		志愿活动	1	53	0="否",1="是"
	C26		家庭做客	1	54	0="否",1="是"
	C27		其他	1	55	根据实际情况填写

续表

项目	变量	含义	宽度	栏码	答案赋值
问题 D1	D1	对杭州青年的总体评价	1	56	1="很满意"
				57	2="满意"
				58	3="一般"
				59	4="不满意"
				60	5="很不满意"
问题 D2	D21	您对面部清洁满意度	1	61	5="很满意",4="满意",3="一般",2="不满意",1="很不满意"
	D22	您对口腔清洁满意度	1	62	5="很满意",4="满意",3="一般",2="不满意",1="很不满意"
	D23	您对眼部清洁满意度	1	63	5="很满意",4="满意",3="一般",2="不满意",1="很不满意"
	D24	您对体味处理满意度	1	64	5="很满意",4="满意",3="一般",2="不满意",1="很不满意"
	D25	您对颈部清洁满意度	1	65	5="很满意",4="满意",3="一般",2="不满意",1="很不满意"
	D26	您对发型修饰满意度	1	66	5="很满意",4="满意",3="一般",2="不满意",1="很不满意"

项目	变量	含义	宽度	栏码	答案赋值
问题 D2	D27	您对妆容规范满意度	1	67	5＝"很满意",4＝"满意",3＝"一般",2＝"不满意",1＝"很不满意"
	D28	您对着装得体满意度	1	68	5＝"很满意",4＝"满意",3＝"一般",2＝"不满意",1＝"很不满意"
	D29	您对见面礼仪满意度	1	69	5＝"很满意",4＝"满意",3＝"一般",2＝"不满意",1＝"很不满意"
	D210	您对表情管理满意度	1	70	5＝"很满意",4＝"满意",3＝"一般",2＝"不满意",1＝"很不满意"
	D211	您对交谈对话满意度	1	71	5＝"很满意",4＝"满意",3＝"一般",2＝"不满意",1＝"很不满意"
	D212	您对微笑礼仪满意度	1	72	5＝"很满意",4＝"满意",3＝"一般",2＝"不满意",1＝"很不满意"
	D213	您对坐蹲站姿满意度	1	73	5＝"很满意",4＝"满意",3＝"一般",2＝"不满意",1＝"很不满意"
	D214	您对行姿规范满意度	1	74	5＝"很满意",4＝"满意",3＝"一般",2＝"不满意",1＝"很不满意"

续表

项目	变量	含义	宽度	栏码	答案赋值
问题 D2	D215	您对手势礼仪满意度	1	75	5＝"很满意",4＝"满意",3＝"一般",2＝"不满意",1＝"很不满意"
	D216	您对致意礼节满意度	1	76	5＝"很满意",4＝"满意",3＝"一般",2＝"不满意",1＝"很不满意"
	D217	您对交谈距离满意度	1	77	5＝"很满意",4＝"满意",3＝"一般",2＝"不满意",1＝"很不满意"
	D218	您对自信大方满意度	1	78	5＝"很满意",4＝"满意",3＝"一般",2＝"不满意",1＝"很不满意"
	D219	您对积极向上满意度	1	79	5＝"很满意",4＝"满意",3＝"一般",2＝"不满意",1＝"很不满意"
	D220	您对眼神状态满意度	1	80	5＝"很满意",4＝"满意",3＝"一般",2＝"不满意",1＝"很不满意"
	D221	您对乐于助人满意度	1	81	5＝"很满意",4＝"满意",3＝"一般",2＝"不满意",1＝"很不满意"
	D222	您对文化底蕴满意度	1	82	5＝"很满意",4＝"满意",3＝"一般",2＝"不满意",1＝"很不满意"

项目	变量	含义	宽度	栏码	答案赋值
	D223	您对谦和好礼满意度	1	83	5＝"很满意"，4＝"满意"，3＝"一般"，2＝"不满意"，1＝"很不满意"
	D224	您对尊老爱幼满意度	1	84	5＝"很满意"，4＝"满意"，3＝"一般"，2＝"不满意"，1＝"很不满意"
问题 D2	D225	您对诚实守信满意度	1	85	5＝"很满意"，4＝"满意"，3＝"一般"，2＝"不满意"，1＝"很不满意"
	D226	您对勤劳节俭满意度	1	86	5＝"很满意"，4＝"满意"，3＝"一般"，2＝"不满意"，1＝"很不满意"
	D227	您对有责任感满意度	1	87	5＝"很满意"，4＝"满意"，3＝"一般"，2＝"不满意"，1＝"很不满意"
问题 E1	E1	意见与建议			开放式问题